汐見稔幸

Toshiyuki Shiomi

# 「天才」は
# 学校で育たない

JN252391

ポプラ新書

134

「天才」は学校で育たない／目次

編集協力・佐藤俊郎

# はじめに——「天才」はどのように育つか？

## 驚異の中学生、現れる

世間を驚かす中学生が相次いで登場し、連日メディアを騒がせています。もっとも衝撃的だったのが、中学生棋士・藤井聡太四段でしょう。2016年10月に史上最年少でプロ入りするや、大人の棋士たちを相手に勝利を積み重ね、30年ぶりに公式戦連勝数の新記録を打ち立てました。

将棋を始めたのは小学校入学前、最初は子ども用の将棋盤で祖父に相手をしてもらっていたそうですが、小学4年生のときには養成機関である奨励会に入りました。その活躍に、将来の藤井くんをめざして、子ども向け将棋教室も活況を呈しています。

将棋の実力はもちろん、さらに私たちを驚かせてくれたのが、彼の受け応えと態度です。対局後に大勢の報道陣に囲まれる中、とても中学生とは思えない落ち着いた口調で語る様子に新たな注目が集まりました。「実力からすると、望外の結果」、「僥倖《ぎょうこう》としか言いようがない」といった彼の語彙《ごい》力も、取りざたされています。

スポーツ界に目を転じると、サッカーのスーパーチーム、レアル・マドリードの下部組織で活躍する中井卓大《たくひろ》選手や、世界卓球選手権で日本のエース、水谷隼《じゅん》選手を破った張本智和選手、シニア顔負けの演技で体操界に新風を巻き超す北園丈琉《たける》選手と、話題の中学生がぞろぞろいます。

8歳のときにYouTubeに投稿した動画で華麗なテクニックを披露し、ブレイクしたギタリストLi-sa-X（リーサーエックス）、彼女も中学生です。

政治も経済も行き詰まりを感じる今、そういったある種の停滞をものともせず国内外で活躍する若いヒーロー、「天才」（スーパーヒーロー）たちの出現に私たちは元気をもらっています。

ところで「天才」とは、本来の語義からすれば「天性（天賦《てんぷ》）の才能、生まれつき備わった優れた才能」を持つ人を指し、環境や本人の努力だけで「育つ」ものではありません。また、活躍するジャンルも、むしろ音楽やスポーツといった学業成績とは異なる分野で認められることが多く、その意味では「秀才」とも異なります。

しかし「天才」を育てるには、育てるための条件が必要です。エジソンが言ったように、「天才とは1％のひらめきと99％の努力である」のでしょう。今、注目されている日本のスーパーヒーローたちも、厳しい練習と努力を繰り返しています。

厳しい努力は必要です。しかしエジソンはその母が彼の才能や性格を見抜いて上手に伸ばしたように、「天才」が育つには、その才を見抜いてそれを花開かせようとする働き、つまり広い意味での個性的な教育が必要です。「天才」が育つには、①天賦の才（可能性）を有していること、②それを見抜き、上手に伸ばす働きかけ、③本人の努力の3つが必要なのです。

私が本書で取り上げたいテーマは、日本の教育はこの3つのうち、①と②はあまりしてこないで、③の本人の努力だけを強いてこなかったかということです。別に「天才」だけを問題にしているのではありません。「天才」を育てる教育とは、すべての人たちの個性をも上手に伸ばせる可能性を持つ教育になりうると考えるのです。

したがって、本書は、巷《ちまた》にある「天才願望」の書とはまったく関係がありません。そういうことに関心のある方は、他書をお読みください。私の関心は、日本の教育の、時代にふさわしい底上げです。

そうした意図があるので、本書ではあえて、日本の学校が持つ「平均的に底上げする」システムや、「才能を伸ばすというよりは、年相応の学びを提供する」古い子ども観へ問題を提示する意味で、あえてタイトルに「天才」という言葉を用いました。

旧来の学校システム、古い子ども観の限界については後述しますが、少なくとも、子どもの「飛びぬけた力」を育てるシステムを今の私たちは持っていません。

## 好きなこと、憧れの人

誰もが特別な才能に恵まれていたと言ってしまえばそれまでですが、テレビなどで映し出される姿を見ていると、最近の若きヒーローたちはどこか伸び伸びとしていると感じます。親や周りの大人たちに強制的に導かれ、苦しい練習をこなしてきたという、かつての名選手たちのような歯を食いしばる必死さや悲愴さはあまり感じられない。

おそらく人一倍の努力や練習をしてきたことは間違いないでしょうが、表情はどこか涼し気です。自分の好きなことを見つけ、それにただただ夢中になり、のめり込んできたといった嬉々とした様子が窺えます。

それに、彼らは中学生にして早くも自分の人生に明確な目的を持ち始めていることも多い。

周囲の大人たちが、じっくりと没頭できる環境を彼らに用意できたことが「天才」誕生につながったと思われますが、そこで気になるのが、そうした成長過程で学校や教育がどう彼らに影響を及ぼしてきたのか、彼らにとって、学校の存在にどういう意味があったのかです。

日本の教育は平均的に伸ばすことは得意ですが、秀《ひい》でた才能ある子をさらに伸ばしていくことは苦手と言われてきました。今こうしたスーパーヒーローが輩出してきたということは、日本の学校が変わったのか、それとも学校以外の教育がそれを実現してきたのかということが問われなくてはならないでしょう。

藤井四段に関しては、3歳で入園した地元の幼稚園が「モンテッソーリ教育」を取り入れていたことが、自主性と並外れた集中力の育成に影響を与えたのではないかとされています。

モンテッソーリ教育は、イタリアの教育家で医師だったマリア・モンテッソーリ（1870～1952年）が提唱したものです。子どもは適切な環境があれば自分で自分を伸ばしていけるということを前提に、0歳から6歳の間を感覚や運動、言語などを身につける特別な時期と位置づけます。この時期に独自の教材や子どもの発達段階に合わせた作業を集中的に行うことで、自主性や協調性が養われると考えられているのです。

欧米では多くの実践例がありますが、日本では導入する幼稚園は諸外国ほど多くありません。米国のオバマ前大統領やアップル創設者のスティーブ・ジョブズもモンテッソーリ学校の出身ということで、今にわかに注目されています。

もちろん藤井四段の成長にモンテッソーリ教育が貢献したかどうかは厳密にはわかりませんし、モンテッソーリ以外の教育を受けて優れた才能を発揮している人はたくさんいます。しかし、こうした言説が広がるということは、人間の育ちに教育はかなりの影響を与えているということを、誰しも認めている表れでしょう。

問題は現在の日本の教育、特に学校教育がこうしたスーパーヒーローたちを育てるのに貢献しているかどうかです。従来の平均的に伸ばせても云々《うんぬん》という日本の教育の限界を本気で突破していく姿勢を示せないと、学校がこうしたヒーローたちを育てる、あるいは多様な子どもの特技をうまく伸ばすことにはなかなかつながらないのではないかと思うのです。

現在ある日本の学校の多くはかなり変わってきましたが、まだ大多数は教師主導型で画一的な指導という点で同じ特徴を持っています。このままでは、個々の（隠れた）才能を上手に開花させていくことは難しいのではないでしょうか。

私は平均点を伸ばすだけでなく、それぞれの個性や特性、それに育つ環境に合わせて、柔軟で多様な学びや教育があるべきと考えています。

## 学校は、硬直化している

実際、今の学校教育にうまく適応できずに不登校になる子どもたちはなかなか減りません。むしろ増えているのではないかと思われます。受験社会を勝ち抜いて「いい学校に入っていい会社に入る」ことがゴールとされた時代はもうとうに終わったはずなのに、学校がまだその体質から抜けられないでいるからでしょう。

今や中学生の間では、オリジナル動画をネットにアップさせる「You

Tuber」が将来なりたい職業の上位に挙がっています。

ある調査では、男子中学生の1位は「ITエンジニア・プログラマー」、2位は「ゲームクリエイター」、女子中学生の1位は「歌手・俳優・声優などの芸能人」、2位は「絵を描く職業（漫画家・イラストレーター・アニメーター）」という結果が出ました。

ランキングには、もちろん公務員、教員、会社員も入っています。ですが、これらの職業に憧れる10代の気持ちに、私はなるほどと思いました。

果たして、今挙げたようなポスト第三次産業とでも言える仕事を志向する子どもたちに、今の学校は対応できているのでしょうか。時代とともに、価値観や人生の目的が変化・多様化しています。そのスピードに、大人たちも学校もなかなかついていけないというのが実情のように思えます。

実際、子どもたちの側に、そうした教育に「NO」という声を上げている子たちが出てきているのだと私は考えていますが、その代表がいわゆる不登校の子どもたちではないかと思うのです。

## 学校は未来の人材をどこまで担えるか

ようやく国も重い腰を上げ、21世紀バージョンの教育に向けた改革に動き出しました。文部科学省はフリースクールなどの学校以外の学び場を認めようという方向に舵《かじ》を取り直し、2020年に向けて三つの柱からなる「資質・能力」の育てを中心とする新しい目標像を唱え、多様性のある教育実現に向けて一歩を踏み出しています。

この「資質・能力」でいいのか、あるいはどこまで現行の教育が変わっていくのか、その全容はまだ明らかになっていません。いや、新しい概念がどこまで浸透し、実際の学びの現場で生かされていくかを現時点で語ることは難しいと思います。

でも、これをきっかけに私たち大人が学校や教育について改めて考えてみることが大事だと私は考えています。

今の学校にはふたつの点に問題があります。

ひとつは、先述したように、そもそも学校とは「平均的な能力の底上げをす

## 中学生が将来なりたい職業

### 男子中学生

| | | (%) |
|---|---|---|
| 1位 | ITエンジニア・プログラマー | 24.0 |
| 2位 | ゲームクリエイター | 20.0 |
| 3位 | YouTuberなどの動画投稿者 | 17.0 |
| 4位 | プロスポーツ選手 | 16.0 |
| 5位 | ものづくりエンジニア（自動車の設計や開発など） | 13.0 |
| 6位 | 公務員 | 11.0 |
| 7位 | 学者・研究者 | 10.0 |
| 7位 | 社長などの会社経営者・起業家 | 10.0 |
| 9位 | 教師・教員 | 9.0 |
| 9位 | 社長などの会社経営者・起業家 | 9.0 |

### 女子中学生

| | | (%) |
|---|---|---|
| 1位 | 歌手・俳優・声優などの芸能人 | 19.0 |
| 2位 | 絵を描く職業（漫画家・イラストレーター・アニメーター） | 14.0 |
| 3位 | 医師 | 13.0 |
| 4位 | 公務員 | 11.0 |
| 5位 | 文章を書く職業（作家・ライターなど） | 10.0 |
| 6位 | 保育士・幼稚園教諭 | 9.0 |
| 7位 | 教師・教員 | 8.0 |
| 7位 | ゲームクリエイター | 8.0 |
| 9位 | デザイナー（ファッション・インテリアなど） | 7.0 |
| 10位 | YouTuberなどの動画投稿者 | 6.0 |
| 10位 | マスコミ関係（記者・TV局スタッフなど） | 6.0 |

出典「中高生が思い描く将来についての意識調査2017」
（ソニー生命保険株式会社調べ、複数回答）

るシステム」であって、その子どもたちのそれぞれが持っている特別な、その子にひそんでいるその子なりの才能の芽を上手に伸ばして、個性的な力を育てられないこと。

ふたつ目は、古い子ども観が残っていること。育て方によっては子どもはすごい力を発揮するのにもかかわらず、彼らの可能性に対してまだまだ目が閉ざされていて、悪い言い方をすれば「子どもは子どもなんだ」というところで考えが止まってしまう。結果、それが授業のあり方、子どもたちへの接し方に表れてしまい、「年相応の学びを提供する」ことで終わっている。

日本の学校は、「平均的な底上げ」と、大人から見た「年相応の学び」のために、「個別の可能性育て」を封印してきました。また、誰が採点しても不公平が出ないような○×式の回答を求めてきたために、正解のあるものをどれだけ正確に覚えるか、あるいはちょっとトリックのあるような問題だと、それをやはりいかに覚えるか、というところに注力してきました。それが受験勉強という形で、ある時代までは機能してきたのです。

今、日本の学校はどこまで機能しているでしょうか。

## ○×式から、答えのない答えを探す力を

○×式で正解を求めていくことで、その分野で秀でた力を持った人材は見出すことができたかもしれませんが、まだ答えが見つかっていない問題、答えを自分たちでつくるしかない問題、みんなの意見を上手に束《たば》ねることが必要な問題に、答えられる力はどうでしょう。

世の中にないものを提案する力、しかも5年たったら大きく変化していくであろうこの時代の中で、新たな提案をする力は、残念ながら従来の教育システムではまかないきれなくなっているのです。

本書では、新たに策定された「教育機会確保法」なども解説しながら、現状の学校ができることとできないことを今一度整理していきます。そして、グローバル化、ネット・スマホ社会、労働環境の変化、少子高齢化の進展を踏まえた上で、今の子どもたちにどういう人間に育ってほしいのか。そのためには、ど

ういう学び舎《や》が求められ、どういった教育がなされるべきかをみなさんと一緒に考えていきたいと思っています。

# 第1章

# 子どもと親が、学びの場所を選べる社会

## 学外教育支援に一筋の光

２０１６年12月、わが国の教育制度は新たな一歩を踏み出しました。「教育機会確保法」という新たな法が策定されたのです。

これは、不登校などの理由から学校以外の場所で学ぶことを希望する子どもの学びを支援し、さらに夜間中学校の拡充などを通して、義務教育の学び直しの機会をつくっていこうというものです。

不登校やフリースクールに通う子どもたちの権利保障を求める取り組みは、「フリースクール全国ネットワーク」を関係者が結成した２００１年に始まり、国会議員との対話集会、子どもや保護者に対するアンケート、関係者の学習会、政策提言、そして新法骨子案の国会への提出などを経て、ようやく実現したものでした。

具体的な支援内容についてはこれからというところはありますが、新しいスタートを切ることができたという点では大きな意味を持つ法律です。

本章では、私も応援してきたこの教育機会確保法の経緯、背景を中心に、多様な学びの必要性を考えていきたいと思います。

## 「教育機会確保法」策定の背景

なぜ、長い年月をかけて、私たちはこの法律制定に力を注いだのでしょう。それは、現行の学校での学びを続けられない子どもたちが大勢いること、そして、より多くの子どもたちに彼らにふさわしい学びの場を提供したかった、ということに尽きます。

不登校とは、一定期間学校に行かなかったり、行けなかったりする状態が続いている子どもたちを指します。新法ではこうした子どもたちが教育を受ける機会を確保するための施策《しさく》を、国や自治体の責務として行い、必要な財政上の措置《そち》を講じることを求めています。

文部科学省の調査によると、病気と経済的な理由を除いて年間30日以上学校を欠席した不登校の小・中学生は、２０１５年度時点で12万６０００人を超えています。じつに3年連続の増加で、中学校でいえばクラスに１名は不登校の生徒がいるという計算になります。

そのうち、90日以上の長期にわたり学校を休んでいる子どもは、7万2000人以上。全体の6割近くにのぼります。

クラスにひとり。この数をどのように感じるでしょうか。実際にこの世代の子どもを持つ親であれば、そういえば、と思い当たるかもしれません。実際には、その周辺に不登校に近い精神状態にいる子が何倍もいますので、その数は相当なものになります。

全国の自治体のうち約6割には、教育委員会が設置する教育支援センターという公的機関があります。そして、この教育支援センターが運営する「適応指導教室」に不登校の半数が通っていると言われています。

ただし、ここはあくまでも「学校への復帰」を目標にしている機関です。義務教育段階では学年が上がるほど在籍者が増え、男女比は男子44%、女子56%。そのうち学校に戻ることができた校種別の復帰率は、小学校では約44%、中学校で約39%、高校で約68%という状況です。

## 学びの機会を奪われた子どもたち

では、適応指導教室に通わない、残りの半数の子どもたちはどうしているのでしょうか。

彼らは自宅にいたり、あるいは民間のフリースクールに通っています。ただし、「学校に行けない」ということでその多くが学びの機会を奪われています。たくさんの子どもたちが学ぶチャンスをほとんど得られないまま育っていかざるをえないという社会は、考えてみれば、おかしい。今回の教育機会確保法の出発点は、多くの子どもたちがさまざまな機関に通っているという現実を踏まえ、これまで法的支援の外にあったフリースクールなどの位置づけを改めて考えていこうというのが基本骨子となっています。

フリースクールは全国に474団体・施設あり、不登校の子どもたちの学習支援や体験活動を行っています（文科省調査、2015年）。

ただし、それぞれの設置基準は明確には定められていないため、NPO法人が運営したり、個人で運営したりと規模や活動内容はさまざまです。不登校の子どもたちの親が自宅で開いているようなところもあります。

授業も国語や算数（数学）といった学校と同じようなカリキュラムを設けているところもあれば、そうした教科別の時間を持たないスクールもあります。取得単位として、フリースクールに通ったぶんが学校に通ったのと同等に認められるかは、在籍していた学校の判断とされてきました。

## 学校が唯一の学びの場ではない

先の文科省の調査にある教育支援センターの復帰率が示していたように、これまで行政の不登校対策は、子どもたちの学校復帰が大前提とされてきました。従って、教育行政の立場からすれば、フリースクールと教育行政は、そもそも連携をとる必要がなかったわけです。

しかし、こうした対策には、「子どもが学校に戻ることを無理強いしている」といった批判も以前からありました。学校の、たとえばいじめ的な風土とか、自由な発想ができない雰囲気などが原因で、学校に行けなくなっている子を学校に戻せと指導することにそもそも無理があるという批判です。

ある市の市長として適応指導に苦労してきた人は、自民党の国会議員になったあと、政策政党のメンバーでもあるにもかかわらず、適応指導には無理があるとして、逆にフリースクールを応援する立場をとるようになりました。

地域によっては、保護者が学校や教育委員会に相談しても、フリースクールや不登校の親の会などがあることが知らされなかったり、紹介されないこともありました。つまり、これまで通っていた学校とは異なる、別の学びの選択肢が提示されなかったということです。

その一方で、子どもたちの居場所となるフリースクールになんらかの支援が必要という声も以前からあり、私たちも法案策定の当初には、フリースクールや自宅での学習（ホームエデュケーション）といった「学校以外の学習」も義務教育として認めることを盛り込んでいました。

ところが、この規定は心ある議員から、今の状況で急にここまで提案してはかえって法の策定が進まなくなる可能性があるということで、法案の内容はさしあたりフリースクールと夜間中学校への支援ということに限定されたものになりました。「学校に行かないことを安易に認めるべきではない」「学校に行かないことを助長する」という根強い反対意見がまだ国会議員の中にあるためです。

日本では、戦前から一貫して子どもを正規の学校に通わせることを親に義務づけてきました。学校以外の学習を義務教育と同義のものとして認めるとなれば、就学義務の転換となってしまう。不登校の子どもたちへの対策としては、「まずは学校で受け入れられる環境を充実させるべき」という考えが、依然多数を占めていたのです。

## 教育は義務で受けるものなのか

私たちは「教育」というと何をイメージするでしょうか。形あるものとして、「学校」をまず思い浮かべる人も多いと思います。校舎がありグラウンドがあり、校門からは花壇が並んでいて、チャイムの音とともに子どもたちの声が響く、そんな場所が教育の一番わかりやすいイメージです。

学校という場所があり、そこに子どもたちが毎日通って授業を受ける。放課後は部活に励んだり、運動会や修学旅行といった行事に参加したり、宿題や定期テストのための勉強をしたり、そんな姿をごく当たり前に思い浮かべます。

これが、学校や教育についての共通イメージと言っていいでしょう。

しかし、もう少し時間を大きく広げて、古くからの教育という営みを眺めてみれば、こうした教育の仕方とその場である学校のあり方というのは、ある意味特殊だということがわかります。しかも、その歴史はたいへん短いものだということに気がつきます。

昔から、教育とそれを行う場は、さまざまな形であったのです。

たとえば、孔子が弟子たちの教育を始めたのは60歳代の後半からとされていますが、最晩年には３０００人もの弟子を教育していたと言われています。彼がつくったのが「孔子塾」と呼ばれるものです。授業料はなく、熱意と礼節さえあれば、誰でも弟子になれました。そこでの教育の一部は弟子たちが孔子の言葉を記録した『論語』に載っています。

また、釈迦（ゴータマ・シッダールタ）は、菩提樹《ぼだいじゅ》の木の下で悟りを開いたあと、弟子たちとあちこちを修行して回り、やがて仏教教団をつくりました。1000人もの弟子がいたと言われていますが、そこでの関係も、孔子塾と同じように、弟子が先生にお願いして師となってもらい、教えを学ぶという形だったようです。

古代ギリシャの哲学者ソクラテスもまた、学びの実践者です。

当時のアテネは、議論に勝つことが正義とされ、市民に弁論術や処世術を教えることによって収入を得ていた職業教師・ソフィストが大勢いました。ソクラテスは学校をつくることをせず、そんなソフィストをつかまえては議論をふっかけ、その問題点を指摘するということを繰り返していました。

やがてそれが市民を惑わす行為だという罪でソクラテスは捕らえられ死刑となりますが、ここには学びの重要な姿勢があります。弟子のプラトンはそれを大事なテーマとして思想に練っていきました。ここにも優れた教育があり、それを後世に伝える弟子の存在があったわけです。

プラトンはアカデメイア、その弟子のアリストテレスはリュケイオンという学校をつくりますが、ここでも希望者が先生に憧れて参加する形態でした。

ナザレのイエスという人物も、弟子たちに教えを語っています。その言葉を残そうとした弟子たちが、師であるイエスの言行録を「福音書」と名づけてまとめ、広めていきました。

キリスト教の『聖書』はその意味で教科書であり、現在でもこれをテキストに「教育とは何か」を講じている先生もいます。イエスは福音を通して弟子たちにいわば教育をしたのです。

## 師への憧れが教育の原型

このように歴史にはじつに多くの教育の場があり、その記録が残されています。そこに広い意味の教育の場＝学校を見て取ることができるのです。

そうした教育の共通項は、この人に教えを請《こ》いたいという弟子がまずいて、憧れる師に教えを請い、許可を得て師弟関係を結び、そのあと切磋琢磨《せっさたくま》していくというものです。

現代に置き換えれば、この子がピアノが好きそうだ、こんなに熱心ならあの先生に教えてもらおうか、というのと同じです。あの子は何よりサッカーに打ち込んでいる。このまま日本の学校に進学するのもいいが、コーチやカリキュラムが充実している海外の教育機関を選ぶという選択肢もあるのではないか。これも学びたい子どもと師匠の関係です。

日本においては江戸時代に多くの学校がつくられました。武士たちは藩がつくった藩校（藩学）という学校でおもに朱子学や武道を学びました。これが、制度化された学校のはしりです。ただ、義務制ではありませんでした。武士の子弟が希望して入学していました。別の学問、たとえば西洋の学問や古代の日本の学問を学びたいときは、私塾に通っていました。そこで多くの明治維新の担《にな》い手が育ったことは周知のことでしょう。

むしろ私塾、つまり私立学校こそが、自由な学問のメッカだったのですが、この学校も希望者が師に請うて入門したものです。

寺子屋や手習い所、手習い塾は江戸時代後期には1万箇所以上あったと言われています。そこではまずは読み書き能力と、さらに農業や商売など、親の職業に応じて必要な教えが子どもたちに提供されました。ここも、希望者が師に教えを請うて学ぶ場でした。

## 今の学校は特殊な環境

そう考えると、近代になってつくられた私たちになじみのある近代学校は、まだ歴史の浅い、歴史的に見れば特殊な教育機関であることが理解できるでしょう。

教育というのは、歴史的に概括すれば、このことを学びたい、教育を受けたいと思った存在が、師となってほしい人物に請うて、了承を得て師弟関係を結び、そこから始めるという人間形成の営みです。これまで見てきた通り、古代ギリシャでも中国でも日本でも、そのような人間同士のかかわり、そして人間形成が脈々と行われてきました。

スパルタなど一部の例外をのぞき、歴史の中ではそうした教育機関、そして教育関係しか存在しなかったのです。

ところが、近代の学校は、子どもたちや保護者が希望する教育や学校を選ぶのではなく、学校教育という制度が先にあって、そこに通わせる仕組みです。

ここには子ども本人の強い意志は当然ありません。まして、憧れの師が待っているわけでもない。なのに、親も子どもも「当たり前」のこととして、毎日、学校に通っているわけです。これは人類の歴史で言えば、特殊な教育形態なのです。

戦後、心ある学者たちは、教育（学校教育）は「義務」でなく、子どもの教育を受ける「権利」、学習する権利を保障する場だと、論理を転換させる努力をしてきました。

この議論をさらに進めると、学校として税金で運営される場が一種類しかないということは、多様な要求、願いを持つ子どもの教育を受ける権利をむしろ阻害するものになるという論理が生まれて当然なのですが、実際にはなかなかそうした議論が進みません。

そのため、なんらかの理由で学校に通わなくなった子どもとその保護者が、定められた学校に通わないことを否定的に受け止めざるを得ない風潮が、日本にはまだ根強く残っているのです。

## 教育は、義務ではなく権利である

こうした、言ってみれば「当たり前」になっている「無理」が正当化されているのは、学校が国民として育ってもらうという公的な目的のために運営されているからです。公的な目的のための教育施設なので、そこしかないという論理も正当化されてきました。

国家や社会の近代化は、近代社会を担う国民の形成を抜きには実現できません。その意味では、これまで日本の近代学校が日本の近代化に果たしてきた役割はとても大きいものです。

近代国家をつくるということは、それまで各藩や各領地という狭い単位で競い合っていたクニの形を、統一的で大きな「国家」にするということを課題としていました。そのため、その構成メンバーに読み書き能力だけでなく「国家の一員」としての自覚を持ってもらう場が必要になり、それまでと異なる教育の場＝近代学校が生み出されたのです。

このシステムは、近代国家づくりをめざした国ではどこも同じです。だから、財政的な余裕が出てくれば税金で運営するようにしてきたのですが、日本は世界各国の中でこうした近代学校づくりに比較的早く「成功」した国でした。国民の多くが遅れた日本の近代化を実現したい、西欧に追いつきたいという願望を持っていたからでしょうか。そのため教育は、権利でなく義務という考えが広がりやすかったのかもしれません。

しかも、西欧の多くが学校といっても小学校しか提供しなかったのに対して、日本は庶民の子どもでも勉学の成績次第で大学までいけるような仕組みをつくったのです。そのことによって、学校は「立身出世の手段」となったわけですが、これも「教育は、義務でなく権利である」という考えを広がりにくくしている原因かもしれません。

いずれにしても、日本の近代化の中で学校が果たした役割は相当に大きいものがあったと言えるでしょう。

ただ、そこには歴史的に見て無理と思えることがふたつあることは否定できません。

ひとつは、もともと教育は学ぶ人が教える人を選び、請い、師弟関係を結び、その上で始まる行為であるという性格が十分に担保されてこなかったことです。近代国家づくりを優先させ、それがそれなりに「効果」をあげたため、そこに狭い法的な枠組みづくりが行われたことで、それが教育本来の形ではなくとも、その無理が隠蔽《いんぺい》されてきたと言えるでしょう。

もうひとつは、たとえそれを認めたとしても、近代の国民形成を担う公教育が法的に一種類しかないという無理です。

社会の価値観の多様化が進んでくると、その社会、国家を担う国民の資質も多様化していかねばなりません。誰もが同じ分野で同じように秀でる必要はないのです。そのためには、学校の多様化を図ることが必然的に課題になるはずですが、日本ではそのことがまだ十分なテーマになりきっていないという問題がありました。

## 国が大きな方向転換に踏み切った

しかし、ここに来て国も、その限界に気がつき始めました。学校を多様化しないと、複雑で困難な問題を抱えた21世紀社会、国家を担う人材が育たないという認識を示し始めたのです。

国のほうでは現在、現行の6・3・3制に対して、5・4・3制、4・5・3制、4・4・4制とさまざまな制度を試みようとしています。すでに小中一貫校については制度化も進められました。

2020年度から新しくなる学習指導要領では、「従来のような教科書と黒板を使った授業のやり方を大きく変えて、なるべく子どもが主体となるような学びに変えていってほしい」「そのための新しい学習指導要領をつくる」ということを中教審（中央教育審議会）が答申しています。

なぜ国が従来の学校教育のあり方を大きく変えようとしているのか。その基本は、21世紀という時代が予想していたよりもはるかにさまざまな課題が山積する時代であるからです。

混迷する時代の中で、日本人の誰もが働く場を得て、国民みんなが幸せになる社会をいかに描くか。その担い手になる人材を育てるには、現在の教育では難しいという判断が生まれてきたということです。

たとえば環境問題ひとつとってみても、「誰か政治家さんがなんとかしてくれるだろう」という今までの私たちのような態度では絶対に解決しません。すべての国民が、自分たちの生活の足元の環境問題と地球全体の環境問題を常につなげて考えられるような知性と行動力が求められます。

また、貧困問題はますますこれから深刻化していく可能性があります。そういう社会をどう克服していくべきなのか。豊かな発想力、それにデザイン力、企画力、行動力、そして平等や平和につながっていくような強くしなやかな知性が求められます。

そうした時代を担う人間を育てていかなければ、21世紀は生き抜いていけない。そのために教育の水準を上げ、あるいは従来の学力とは異なる学力を国民に身につけてもらう必要があるのです。

**自学自習の学びを**

すでにヨーロッパの旧西側諸国では、3歳あるいは4歳からの幼児教育を大部分無償にしています。

旧東側であったハンガリーも、2014年から「3歳から義務教育」に切り替えました。これは、教育をもっと早い時期から受けさせ、一人ひとりの豊かな可能性・発想力・デザイン力というものをていねいに社会の力で育てていかなければ国の発展は難しい、という判断があるからです。

フリースクールや夜間中学に対して国が目を向け始めたのは、現在の学校制度だけでは、ある枠の中だけでしか行動できない人間が増えると考えたこともあります。

決まった問いに対して「こう答えればよい」という訓練はやっているが、さまざまな問題を自分で見つけ出したり、あるいは自分たちでその解決方法を模索したりする訓練はあまり受けていない。そして見つけたことを上手にプレゼンテーションしていく力も必ずしも育っていないと気がついたからです。

フリースクール等で学んでいる生徒たちの中には、自分でカリキュラムをつくって自学自習で伸びている子が多くいます。フリースクールの多くはそういった自立した学びが可能になるような働きかけを行っています。そういう生徒たちがじつは学校でのように、あるいは学校で以上に育っていることを知って、旧来の20世紀型学校教育から21世紀バージョンに早く切り替えることを国自身が今、考え始めたということもあるでしょう。

教育というのは、一人ひとりの子どもの教育の権利を豊かに保障するために行われなければならないわけですが、子どもの遺伝子が多様である以上、学び方も本来多様であってしかるべきです。それを保障することが必要になってきたということを国が認め始めたわけです。

国の教育再生実行会議の第五次提言「今後の学制等の在り方について」（2016年7月）は、社会・文化の大きな変容の中で、教育のあり方は根本から問われているという認識を示しながら、次のようなことを具体的に提言しています。

「国は、小学校及び中学校における不登校の児童生徒が学んでいるフリースクールや、国際化に対応した教育を行うインターナショナルスクールなどの学校外の教育機会の現状を踏まえ、その位置付けについて、就学義務や公費負担の在り方を含め検討する。また、義務教育未修了者の就学機会の確保に重要な役割を果たしているいわゆる夜間中学について、その設置を促進する」

こうした文言が政府文書で書かれたこと自体、時代の変化を反映していると見ることができるのですが、これは一種類しかない学校制度がある程度限界に来ていて、新たな教育を模索しているフリースクールやインターナショナルスクールなどの位置づけについて、国としても前向きに検討するべきだ、いやせざるを得なくなった、という気持ちを語っていると見ることができます。

## 学校は「休んでもよい」を認めた

新たに策定された教育機会確保法には、ふたつのキーワードがあります。ひとつは「学校を休んでもよい」ということです。そしてもうひとつは『学校以外の場の重要性」を認めたことです。このふたつのキーワードを活かすことが、子どもたちを取り巻く環境を変えることにつながると大いに期待されています。

まず、「学校を休んでもよい」というのは、学校に行くことが100%正解ではないということを法律が認めたということです。「不登校は誰にでも起こり得る」ことであるにもかかわらず、学校に行くことは「普通」であり「当たり前」とされてきました。そのため「不登校になるのは特殊な子ども」という偏見がいまだに根強く残っているのです。

そもそも不登校ではない子どもでも、無理に学校に行くことでかえって元気がなくなったり、中には学校に行こうとするとお腹が痛いなど具合が悪くなったりする場合がよくあります。一方、不登校の子どもたちは子どもたちで、「学校に行かなければ」と自分を追い込んでしまうことがよくあります。そんな状況でも保護者は休ませると言い出しにくかったわけです。

教育機会確保法では、法律を根拠に堂々と「しばらく休ませる」と学校に言えるようになりました。これは大きな前進です。そして、休ませることを勧めにくかった先生にしても、「休むことを受け入れやすくなる」効果があります。子どもも保護者も状況によって休めることで自分を否定しなくてもいい、いわば自己肯定につながるのです。

## フリースクールから学びの場の充実を

そうなると、不登校の子どもたちの居場所として、フリースクールなどの「学校以外の場」が重要になってきます。学びの場は、何も学校に限ったわけではなく、海外では家庭で親が勉強を教えることを義務教育の一環として認めている国もあります。あのエジソンのようにです。

さらに、教育機会確保法では、自治体とフリースクールの連携も求めています。休むことを認めることになるので、居場所としてのフリースクールが活動しやすいよう行政のどういった支援が必要なのかをともに考えていくのは当然のことでしょう。すでに、フリースクールの団体は、行政とどのような連携が可能なのかを考えるイベントなどを開き、模索を始めています。

教育機会確保法は、3年以内に法律がどのように機能しているのかを検討し、見直しを含めた措置を取ることも定めています。

新しい制度、あるいは法律をつくる際、細かなところまで一致させてからつくるということは大変難しいものです。むしろ「こういう教育システムが必要」あるいは「こういう支援が必要だ」ということを理念としてしっかりと書いた法律をまずつくる。その上で、具体化する中で、さまざまな制度上の課題を見つけ、そのたびに修正・改善を重ねていきます。法律をつくるときには大事な手順になります。

私自身いくつかの法律の作成に関わりましたが、「育児休業法」の策定に関わった際は、その思いを強く感じました。育児休業法をつくる必要があるということを国は世界の流れに合わせて認めたのですが、最初につくられた法律は育休をとっても、一銭もお金が出ないというような内容でした。

これでは誰も育休をとらないと、作成に関わった私たちも思いました。案の定、法を施行してもほとんど使われない状況でした。結局、しばらくしてそこは大きな不備だということで手当が出るように改正されました。このように理念がしっかりしていれば、法律はやがてそれにふさわしく変わっていくことを私は大切な経験として学びました。理念がしっかりしていれば、制度はその方向に徐々に変わっていくのです。

今回の法律も理念法としてしっかりつくり、実際の運用は私たちの努力でもっとよいものに変えていく。その出発にしたらいいと私は思っています。

不登校の子どもたちの教育権をどう保障するのか、徐々に発展しつつあるオルタナティブスクールをどのような手順で普通教育に組み込んでいくのかなど、わが国の教育が抱えているさまざまな課題を解決するために、私たちの知恵と姿勢が問われています。

法律の施行は、ひとつの契機に過ぎないのですが、これを機に、「不登校の子どもたちが安心して学べる環境をつくり上げる」という真の目的を共有できる議論が進んでいけばと考えています。

**多様さが国の豊かさを示す**

今、全国にはホームエデュケーション、フリースクール、シュタイナー学校、デモクラティックスクールなど、一般の学校とは異なった学びの場があります。一般の学校では自分らしさを認められなかったり傷ついたりした子が選んでいるこうした場は、それぞれに個性と味わいのある豊かな学びの場で、21世紀のモデルとなる可能性を秘めています。

フリースクールであろうと、インターナショナルスクールであろうと、将来の有為な人材＝国民を育てようとしていることに変わりはありません。

国民の価値観が多様化していけば、希望する教育の形も多様化せざるを得ないでしょう。すでにそうした動きがあるのだから、その動きを前向きに位置づけていく議論を始めるべきではないかという認識です。

これは、歴史のいわば必然と言えます。

学校教育法の一条校以外の多様な学校、いわゆるオルタナティブな学校も、公教育を担う場であるということがもう少し世に知られていく。そして、教育というのは元来強制して行うべきものではなく、子どもと保護者の自発的意思で師を選び、学ぶ場を選ぶことで始まるのだという人類史的な意味での教育概念を現代風に応用していく。そうすればわが国に多様な学校があることが、わが国の豊かさを表すものとしてもっと認識されていくでしょう。

国、自治体が、フリースクールなどに財政的な支援をこれからきちんとしていけば、こうした教育機関の質が上がり、それが一層学校教育の多様化を推進していくことになります。

そうした社会をわが国も急いでつくるべきだと思います。多様化した学びの場は、何より子どもたちの自主的な学びを促します。

子どもの学びたい気持ちを見つけて伸ばし、そのために必要なサポートをするのが大人の役割です。学びの場である学校をひとつのタイプに限定することはありません。自主的で質の高い多様な教育こそが、多様化した社会の真の担い手を育てる場になり得るに違いないからです。

第2章

# 公教育か私教育か

## ある中学生男子のエピソードから

ある中学生のお子さんを持つ母親がこんな話をしてくれました。

クラスメートの男子Aくんの話です。Aくんは、小学生の頃からどちらかといえばやんちゃで、勉強もスポーツもでき、クラスでも中心的存在でした。YouTuberに影響を受け、小学校高学年のときから自分でネットに動画を投稿。身近な商品を試して報告したり、ときにはお笑い芸人の真似を披露《ひろう》したり、音楽も入れて、イマドキの小学生らしい子どもでした。

中学に入ってもクラスの中では中心的な存在で、試験の成績もまったく問題ありませんでした。でも勉強は塾と自宅で済ませているのか、学校の授業にはまったく関心を示さず、大半の時間を寝て過ごしているのです。騒いで周囲に迷惑をかけたり、進行を妨げるようなことをするわけではなく、友達との関係も良好でした。ただ担任教師が「熱血タイプ」に代わり、その授業態度をたびたび叱るようになってから、彼もカチンときて反抗するようになりました。

「学校にはちゃんと来てる」「試験で赤点をとってるわけでもない」「オレより

うるさい奴はいるのになんで？」「だいたい、学校の授業のどこが面白いわけ？何か役立つわけ？」

教師とAくんの関係は改善せず、そのうちにAくんは学校を休むようになりました。保護者の考え方もあったのでしょうが、結局彼はその学校をやめ、私立の中学校に編入することになりました。そこで彼は彼なりの仕方で生活し、自立の準備を進めています。

試験のための勉強を主体で考えるなら塾で事足りる、社会性を養うのも学校でなく、スポーツ系のクラブに通わせればいい。Aくんの選択からは、そんな学校不要論も聞こえてくるようです。

学校の役割とはいったいなんでしょうか。

## 習い事ブームの背景

「学校とは違う学びの仕方や場所があったらいいのに」

「うまく言えないけど、学校のどこが面白いの？」

「友達との関係だって、うまくやっているだけ」

Aくんに限らず、何かのきっかけで、子どもたち、いや保護者たちもこんな思いを胸に抱くことがあるでしょう。あるいは不登校の子どもたちはより強く、こう感じているでしょう。

今、習い事がブームになっていますが、ピアノにしてもスポーツにしても、子役を育てる劇団にしても、学校に期待しない子どもと親がいるからブームが起きているとも言えるでしょう。

たとえば、コンピュータを使ってロボットを操作したり、ゲームをつくったりする「プログラミング教室」が、小学生の間で人気を集めています。2020年度には小学校で「プログラミング教育」が必修化されることもあり、保護者の間では「子どもにさせたい習い事」の1位に躍り出ているようです。

ほかにも、子どもたちの間で盛り上がっている職業があります。A君が小学生時代に夢中になった、YouTuberです。前述したソニー生命保険発表の「中高生が思い描く将来についての意識調査」（男女の中学生200人・高校生8

00人対象）でも、男子中学生の「将来なりたい職業」の3位に「YouTuberなどの動画投稿者」がランクインしており、女子中学生、男子高校生についてもそれぞれ9位、10位となっています（19頁参照）。

プログラミングもYouTubeも学校で教えてくれない。だから、「あそこの教室は面白そうだ」とか、「こっちの先生がよさそうだ」という基準で子どもたちや親たちは教室を選んでいます。

習い事もまた、本人がやりたいことをさせるのが一番の長続きの秘訣です。英語に関する習い事も根強い人気がありますが、これは親が将来的に役立つから、という理由で「させたい」習い事。この場合は、子どもの興味・関心をタイミングよく見つけてスタートさせることが、その子の力を伸ばします。「天才」中学生たちが火付け役となった将棋にせよ、卓球にせよ、これらは学校では教えてもらえません（クラブや部としての活動が本格的な場合は別ですが）。教室やクラブチーム、個人の先生の評判を聞いて、そこに通います。そして、子どもの性格や能力に応じた教え方、そして本人の努力で、才能を伸ばしていくのです。

## 幼少期に始めてこそ意味がある

将来の夢に、「シェフ」「パティシエ」という子どもは多いですね。あるいは、料理をするのが好きだとか得意という子どももいます。でも、学校では家庭科での料理実技が年にいちどあるかどうかというくらいなため、親のほうで専門的にやらせてみようとはなかなか思えないのが実情です。

料理の場合、舌が若くて柔らかいときほどいろんな味を上手に覚え、微妙な塩加減や酸味なども区別できるそうです。有名な料理家、土井勝さんは、大阪で料理教室を運営していましたが、「教室には中学校を出た段階で入らないと遅い」と語っていました。

家庭料理を基本としていた方ですから、特別高級な味を知らなくてはならないという意味ではないと思います。でも、ここでは15歳で入ってから、フランス語やイタリア語も勉強させる。料理にはそうした語学が必要になってくるからで、そういった勉強をすべて合わせて、舌を鍛えるためには子どもの頃から訓練するほうがよい、ということだったのでしょう。

専門的な知識や技術だけでなくて、教養もしっかり身につけさせる。これは大事なことです。フランス料理で有名なクイーン・アリスというレストランのシェフ、石鍋裕《ゆたか》さんはフランスで修業中、半分の時間はルーブル美術館などの見学をさせられたと言っていました。

お客さんはレストランの料理だけでなく、インテリア、食器などの雰囲気も楽しみに来るわけで、それで高いお金を頂くのだから、レストランを素敵に飾れなくてはいいシェフになれない。だから、美術館で目を肥やしてこい、ということでしょう。

勉強というとすごく狭く感じるかもしれませんが、こうした人間的な教養を身につけるのも勉強のひとつなのです。

もちろん、学校は学校で、さまざまな努力と工夫をしています。友達もいるし、行事もいろいろある。子どもにとっては楽しい場であることは間違いないはず。ところが、世界の混迷が深まり、価値観や文化、人生の選択肢が急速に多様化している社会になって、子どもたちの学びの動機も急速に多様化しています。

いつまでも同じことを同じように学んでいると、次第に「こういう勉強をしているけど、これって意味があるの？」と考え出す。あるいは何かのきっかけで、急に学びの意欲が萎《な》えてしまう。また、本人が選択する余地というものがほとんどないことに違和感を持ち始める。こういうことが今まで以上に起こる時代になっています。

そろそろ学校自体も本来の学びの場とはどうあるべきなのか、考え直す時代に入っているのではないでしょうか。

**学びの場は本来私的なものである**

学びの場は、前述した塾や習い事の教室のように、本来、私的なものでした。公的な学び、いわゆる公教育の前にまずは私的な学び、私教育があったわけです。

私教育は生徒自ら、あるいは保護者が数ある教育機関の中から選んで、教えと学びの関係をつくります。一人ひとりの子どもの興味関心に沿っていくので、当然多様なものにならざるを得ません。

学校には公立と私立がありますが、そういう意味で言えば、私立の学校が本来の学校の姿だと私は考えています。

大学も私立が本来的な形。そこには創設者の理念があり、設立の歴史と背景があります。希望者は先人に憧れ、校風に惹《ひ》かれて選びます。オックスフォード大学やケンブリッジ大学が私立であることには正当な理由があります。対して、国家がつくる大学は国家の一員としての人材育成となるので、元来希望する人がそんなに多くはならないはずです。

人間を育てる教育の中身はどうでしょうか。

ここにも大きく分類して、「個人」と「公人」というふたつの側面があります。

個人としての学びと、公人としての学び。日本人はそのふたつの側面を区別しながら議論をすることはあまりしてこなかったので、なかなか理解しづらいかもしれません。

でも、ヨーロッパの人たちはそのあたりの発想が違っています。

## 個人の幸せ、コミュニティの幸せ

たとえば、フランスの人権宣言。日本では「人権宣言」と訳していますが、正しくは「人及び市民の権利の宣言」です。個人の権利は大事だが、それ同様に市民という公人の権利も大事であると解釈できます。

これはどういうことかというと、古代からヨーロッパでは人間にはふたつの責務があるとされてきたことと関係しています。

ひとつは、個人として幸せになるために努力すること。どんな仕事につきたいか、どんな趣味を持ちたいか、どんな人を恋人にしたいか、どんな生き方をしたいか、それをしっかりと見つけ、そのためにいろいろと努力をしなければならない責務です。

自分の個人としての生活を豊かにする、いただいた命を上手に燃焼させるような道をしっかり探す。こういうこと自体が教育のひとつの目的であるわけです。

もうひとつは、人間はひとりで生きている動物ではなく、必ず群れをなして生きているということ。群れの質が高ければ、属する人間は幸せになるが、群れの質が低いと絶えず争いが起こり、人間は逆に不幸せになる。その群れのことをヨーロッパ人は「コミュニティ」と呼んで、質を高めようとしてきました。

家族というコミュニティもあれば、村落共同体的なコミュニティもあり、学校というコミュニティも、企業というコミュニティや自治体というコミュニティもある。人間はひとりでは生きられないので、そのコミュニティの中でいろんな形で依存し合ってきたわけです。

子どもを育てるお母さんはひとりで子育てをするのではなく、同じように子どもを抱えているお母さん同士がいつも集まって、ぺちゃくちゃしゃべりながら子育てをしてきたということもわかっています。

もしひとりで子育てをすることになると、ストレスや悩みはすべて自分で解決しなければなりません。「おっぱいが出ないんだけど、どうしたらいいかしら?」「夜泣きがひどいのは私のせい?」。でも、まわりに同じように赤ちゃんがいるお母さんやかつて子育てをした女性がいれば、知恵をもらえる。まさに心理的な支えにもなってくれるのです。子育ても人類はコミュニティの中でやってきました。

人間はまた自然とも闘わなければなりません。川の氾濫《はんらん》があったらなんとか対策を講じないといけないし、場合によっては水の権利を巡って、隣の村と争わなければならない。なるべく戦争はしないように解決しようと、集団がまとまって意見を交わしたりします。

また、集めた税金をどういうふうに使えば、みんなが一番幸せになれるかも考えねばなりません。ある階級・階層の人は潤《うるお》い、貧しい人は潤わないということが続いてきたわけですが、それをどう克服するかということもコミュニティの課題になります。

つまり、できるだけ構成員が平等に幸せになっていけるようなコミュニティはどうやって作れるのか。集団を作ってしまうとそういう問題が絶えず発生します。

こうしたことは誰かがやってくれるわけではなく、そのコミュニティのメンバーが自分たちで考え、アイデアを出し、場合によっては決めたことを各々が担っていかなければできることではありません。こういうことができる自覚と能力を持った人間をヨーロッパでは長く「市民」と言ってきたのです。それは人間の公共生活を営む面から見たときの属性です。

## ふたつの豊かさを課せられている

つまり人間は、誰しも個人として豊かになるということと、公人として豊かになること。このふたつの責務を共通に課せられているということです。少なくとも西洋ではそうした人間のとらえ方が長く続いてきました。

学校も同じです。個人として豊かになるための方法やテーマを見つけるために通うという面と、公人としてきちんと振る舞えるようになるために通う面がなければならないのです。後者を満たす「市民」として成長するためにこそ学校で学ぶということになります。

「国民として」という言葉で語られてきた日本の教育では、そのどちらもきちんと、そしてていねいに位置づけ、教育構想に組み込まれるという点で課題が大きいように思います。戦前はこの「市民」が天皇の民＝皇民＝公民とされてきたため、戦後はその反省からこの面が曖昧《あいまい》になっているのかもしれません。

ヨーロッパの古い都市の多くには、中央にピアッツァという広場があります。そこは、市民が集まって議論をする場でした。

そもそも都市とは、市民が自分たちで自治を行う場所でした。中世社会の領主のもとから逃げてきた人たちが、税金を二重に払わなくて済むように集まって自治都市を作ったのです。そして、ほかの人が勝手に入らないように、街の外に壁、いわゆる城壁をつくりました。

ブルジョワという語はフランス語の「ブール」、壁から来ています。ブールの中に住んでいる人たちを指して、「ブルジョア」と言ったのです。日本ではブルジョアというと、お金持ち、特別な階級の人という印象がありますが、正確には、「市民」という意味なのです。自分たちの街を豊かにしていくために必要なものが、市民の教育だったのです。

対して、日本にはそういう自治都市という伝統がほとんどありません。たいていは城下町か門前町。結局、上からつくられた街です。だから、自治という考え方は相対的に弱い。自分たちで統治するという考えは、日本ではあまり定着してこなかったのです。

## 世界でもっとも優れた学校

イタリアのレッジョ・エミリア市は今、幼児教育の先進地ということで世界的に注目されています。私も見学に行ったことがあります。

レッジョ・エミリアの幼稚園・保育園では、個々の意思や個性を大切にしながら、子どもたちの表現力やコミュニケーション能力、探究心、そして考える力などを養うことを目的にしています。

特徴のひとつが「プロジェクト活動」。ひとつのテーマを、数か月から1年と長い期間をかけて、子どもたちや保育士、保護者が一体となって掘り下げていく活動です。

また、アトリエリスタ（美術等の専門家）とペダゴジスタ（教育専門家）というプロフェッショナル・スタッフがいて、保育士と一緒に子どもたちの創造活動を支援していきます。

レッジョ・エミリアの幼稚園や保育園の園舎内にも、かならずピアッツァ（広場）があります。毎朝そこに集まって、今日は何するかを子どもたち自身で相談するのです。やりたいことが決まると、多くの子は専門家のところに相談に行きます。

## 子どもの数だけ学びがある

このレッジョ・エミリアの幼児教育の創始者で、幼児教育実践者であるローリス・マラグッツィの有名な詩があります（田辺敬子訳）。

でも、一〇〇はある。

子どもには一〇〇通りある。
子どもには
一〇〇の言葉　一〇〇の手　一〇〇の考え　一〇〇の考え方
遊び方や話し方
一〇〇いつでも一〇〇の聞き方　驚き方、愛し方
歌ったり　理解するのに　一〇〇の喜び
発見するのに　一〇〇の世界
発明するのに　一〇〇の世界
夢見るのに　一〇〇の世界がある。
子どもには　一〇〇の言葉がある。

（それからもっともっともっともっと）
けれど九十九は奪われる。
学校や文化が
頭と体をバラバラにする。

そして子どもに言う
手を使わずに考えなさい
頭を使わずにやりなさい
話さずに聞きなさい
ふざけずに理解しなさい
愛したり驚いたりは
復活祭とクリスマスだけ。

そして子どもに言う

目の前にある世界を発見しなさい
そして一〇〇のうち
九十九を奪ってしまう。

そして子どもに言う
遊びと仕事
現実と空想
科学と想像
空と大地
道理と夢は
一緒にはならないものだと。

つまり一〇〇なんかないと言う。

子どもは言う
でも　一〇〇はある。
（レッジョ・チルドレン『子どもたちの一〇〇の言葉』日東書院本社）

この詩は、創設者マラグッツィが示唆した「すべてを総括するような統一的な教育理論は存在しない」ということを代弁しています。
子どもの数だけ学びがあるということ、多様な対話からこそ教育は生み出されるもの、と解釈できるでしょう。

## アトリエで学ぶ意義

レッジョ・エミリアの幼稚園や保育園には「アトリエ」がたくさんあります。アトリエというのは作業場のことで、ヨーロッパの伝統的な職人の作業場にも通ずるものです。英語ではワークショップ。要するに、ピアッツァに集まって、今日やることをみんなで相談し、各々アトリエに行って作業をする。それを保護者がサポートし、全体をペタゴジスタが取り仕切っているわけです。

ちなみにレッジョ・エミリアの実践は、幼児教育機関で実践されているものなので、子どもたちが小学校に上がればふつうの教育に戻ります。ただ、せっかく学びの豊かさを体験しているのにもったいないという意見もあり、現在、レッジョ・エミリア市ではこの教育法を取り入れた小学校をつくり始めています。

彼らの教え方の土台にあるのは、前述した個としての豊かさと、公人としての確かさの両立だと私は思います。

レッジョ・エミリア市では、子どもたちを自分たちの誇りである職人文化を継いでくれる人に育つよう教育していきます。だから小さい頃から職人文化の豊かさに触れさせようとする。美の世界や創造する世界にも触れさせ、その楽しさを体感させます。同時に絶えず相談し、議論し、決めたことを実践する場を提供することで「市民力」を鍛えます。

市民（公人）は何よりも自分の意見を言い、人の意見を聞き、相談し、決めて、全体の利益を念頭において行動する人です。そうした教育を通して、自分たちが受け継いできた職人文化をさらにいいものに発展させてくれる「市民」に育つことを期待する。個人の教育が公人の教育にもなっているわけです。

自分たちが属しているコミュニティの次の担い手を育てていく、つまり市民を育てていくというのがヨーロッパの教育の隠れた土台になっています。

この面からみると、コミュニティの担い手になるための教育を公教育、公的な教育と言い、自分のやりたいことをやるための教育を私教育と分けることもできます。

### 企業がつくる学校

学校を設立するには、お金がかかります。

私立が学校本来の形、と述べましたが、日本の場合、やはり保護者の負担は大きい。文部科学省の「子供の学習費調査」(２０１４年度)によれば、私立の小学校の年間負担額は合計１５３万５７８９円、内訳は教育費がおよそ88万円、給食費５万円弱、学校外活動費に約60万円となっています。公立小学校の合計が年間約32万円ですから、およそ５倍。

２０１７年年頭の安倍首相の施政方針演説にも教育費の無償化があり、格差拡大の問題や教育に対する公財政支出が少ないといった部分では政府も世界標準から見て遅れていると認識し始めたようですが、公的支援は公立の枠《わく》にとらわれないことがこれから重要になります。

教育への親の負担を軽減し、誰もがレベルの高い教育を受けられるようにするために、元来私事である教育をみんなで「組織化」して「公」の目的に沿う形に再編集すれば、私立の学校でも公的ミッションを担うことになり、そこに税金を注ぐことに国民も納得するはず、という議論があります（堀尾輝久東大名誉教授の説）。

これを「私事の組織化」による「公教育」の創造と言うのですが、日本では私立学校への公的援助がかなり少ないことに見られるように、この論理はまだ「公立」の学校にしか十全には妥当していません。国としては、国家がつくっている学校と私人がつくった学校の違いを担保しておきたいのかもしれませんが、そのために私立学校に通っている人や家族の経済負担が大きいということは納得できないことです。

子どもという市民（候補者）が自分の進みたい方向を見つけ、その分野で自ら訓練するのが本来の学びだということを繰り返し強調しているのですが、そこで通い始めた学校が私人（法人）が設立したものであろうと、自治体や国が建てたものであろうと、その基本費用は可能な限り公費でまかなうべきというのが歴史の中で試されてきた知恵です。

すでに、オランダでは市民たちが「こうした学校をつくりたい」と、合計で200名が通う可能性を証明できれば、自由に小学校をつくることができますし、現実にそうしてモンテッソーリの学校、イエナプランの学校などをたくさん市民たちがつくっています。イエナプランとは、100年ほど前にドイツのイエナ大学でペーターゼンという人が始めた実験校の名前ですが、その後ドイツで、戦後はオランダで広がっている学校です。生徒を3学年まとめてグループにし、異年齢で教育を行います。学校では話し合い、遊び、学び、行事の4つの活動を順次行っていくという形で、学校への保護者参加も活発です。もちろん、その経費はすべて公費、つまり税金です。公立学校とは市民立学校でもあるのです。

イギリスの有名なオックスフォード大学やケンブリッジ大学なども私立ですが、イギリス社会のための大切な人材を多く送り出しているという意味で、とても大きな公的役割を果たしてします。そのため、大学の必要経費の9割近くを国が負担しています。

実質、国立大学に近いのですが、中身は私立なのです。

## 教育はパブリック

私立は勝手な目標、人間像で勝手な教育をするのだから、そこに税金を注ぐのはおかしいという議論はありえるでしょう。でも、早稲田大学や慶應義塾大学をはじめとする多くの私学は勝手な教育をしているのでしょうか。おそらく勝手なことを教育しようとしても、通いたいと思っている学生やその親が納得しなければやがて誰も来なくなります。

その上、価値観等が多様化している現代にあっては、一種類、ワンパターンの大学しかないということは社会にとって大きな弱点になります。多様な人材を育ててこそ、社会はしなやかになり、生命力が高まるのですから。

そう考えると、多様な人材育成をしようとしているところは、総体として公教育を担っているということになるはずです。そして、私立学校が公教育を担っているのだったら、公費教育の枠の中に私立の学校を入れるのも当然ということになるでしょう。イギリスで私立中高校が「パブリックスクール」と呼ばれてきたことの含意を、今しっかりと踏まえるべきでしょう。

ドイツやイギリスでは階級制が非常にはっきりしていたため、これまで労働者の子どもは大学までなかなか進むことができないという事情がありました。工業専門学校、技術学校のようなところに進み、将来工場労働者になるという準備に入る若者が多かったのです。でも、このままでは21世紀の時代を生き抜けないと、できるだけ多くの若者に高等教育を提供するほうが賢いという路線に切り替えつつあります。

歴史的にみると、結局どこの国も近代国家をつくろうとしたときに、公民、いわゆる国民をどう育てていくかという課題にぶつかりました。そこで学校をつくらねばならなくなったのですが、そこに矛盾がありました。それは、労働者たちに読み書きを教えたら、自分たちが搾取《さくしゅ》されていることに気がつくのではないかということです。そこで、労働は神から与えられた大事な使命であるという道徳教育をセットで行うことで解消されるのではないかという議論が起こり、その方向に実際の教育は進みました。

イギリスが、労働者階級の子も中学校まで通えるようにしたのは、じつは戦後です（バトラー法）。それまで小学校しか行けなかったのですが、その最大の理由は単純労働が基本で、その担い手に高い教育は必要ないということでした。

しかし今、事情は大きく変わりました。21世紀は可能な限り多くの人が高等教育まで進み、国民すべてが専門性を高く持つことが課題になってきたのです。大学まで無償化する方向で改革は進んでいます。

そういう歴史の動きの中に、わが国の教育改革を置き直して今考えるべきなのだと思います。

## 市民がつくる学校とは

先ほども触れましたが、オランダでは設立の主体に市民がなることができるという点で特徴的です。設立に必要な子どもの人数は200人。親たちがグループ、日本で言うとNPO法人のような組織をつくりますが、主体は「私」、でも財源は「公」です。

歴史的に見ても、オランダは商売人（ブルジョワ）の合理性が非常に強く反映されているのだと思います。私立学校、正確にいえば、「親立学校」ですが、校舎の建設費も維持費も、教員の給料も、公立の学校と同じように国・自治体が負担する。

今、オランダのオルタナティブ教育において、小学校で一番多いのはモンテッソーリ、2番目はイエナプランだそうです。イエナプランの場合、先に見たように、1〜3年生がひとつのクラスで、4〜6年もひとつのクラス、要するに3学年で1クラスを構成するようになっています。カリキュラムも可能な限り、子どもたち自身が参加して決めていきます。

そうした機会を増やしていくことによって、子どもたちの自己教育力、そして自治能力だとか統治能力も高めていくというやり方なのです。

オランダの政府からすれば、そのアイデアの元が公立だろうが、親だろうが、税金を国民に還元しているだけという発想で、ある意味シンプルで合理的です。

日本でなぜ、そんな簡単なことができないのかと思いますが、やはり「お上」意識が強いからでしょうか。すでに述べたように自治都市が育たなかった国ですから。

日本はそういう面では、まだまだ遅れています。今はフリースクール、つまり不登校の子どもたちをもうちょっと社会で応援していこうという動きが始まったばかりなのです。

## ヨコに並べて多様性を深める

今、価値観が多様化してきていることは、多くの人が認めるところでしょう。自分の属しているコミュニティをよりよいものにしたいと思ったとき、多様性を担保したような「市民性」というのが、テーマになってくると私は考えています。

多様化した社会での市民性は、昔の閉鎖的なコミュニティの市民性とはおそらく異なってくるでしょう。わかりやすい例を挙げれば、たとえば、その中に異なった宗教的背景を持った人が一緒に生活するコミュニティがイメージできますが、そうしたコミュニティでは、思想基盤の違いまでをお互いに認め合い、尊重し合うことを前提とした市民性が要求されます。そこではおそらく、あらゆるものは多様であることが自然であり、価値が高いのだとする価値意識が必要になってくるでしょう。

あるいは、また別の例として、障害を持った人の暮らすコミュニティを考えてみましょう。コミュニティの中に障害を持った人がいて、その人が生きることを周りの人々が支え、その人の生きざまに周りの人々が励まされるというような関係性が重層的に編み込まれているコミュニティのほうが、同一性を前提として障害を持った人は別に隔離して、そこでそういう人たちだけのコミュニティをつくり専門家が世話するというようなコミュニティより価値が高いと考えるわけです。

多様性を前提とした市民性は、そうした新たな価値志向を伴わないと、新しいコミュニティをつくることにはつながりません。それはまた、人間だけが特別で、他のあらゆる生物を人間の都合のよいように支配することが合理的であると考える、近代の支配的な合理主義とも異質性を持つ考え方になるでしょう。

多様性を深めるというのは、多様に存在している地上のものをタテ関係に並べ、支配・被支配の関係に変えるのではなく、ヨコに並べて並立し合うことを大切にすることですから、自然環境の中での共生ということに新たな価値を与える市民性にならざるを得ないと思います。

その意味では、多様性の尊重というのは存在するものの中に「自然性」を取り戻すということにもなります。

では、そうした多様性を具体化し提供する市民性をどのように身につけていけばいいのでしょうか。

私はさしあたり、ふたつのポイントがあるように思っています。

## 自分の得意を自分で見つける

ひとつは、これはイギリスの大学入試制度などがそうなのですが、教科に現にある暗黙の序列をなくしていくことです。

イギリスの現在の入試制度は、高校3年生（シックスフォームの最終段階）の1年間に6回のテストを受け、その合計点がその人の一生の持ち点になるという制度です。

5科目を受験し、点の高い上位3科目がその人の持ち点になります。A、B、

C、Dなどの成績がつくのですが、仮に上位3科目がA、B、Bとすると、その人の一生の持ち点はABBになります。ある大学のカレッジが、「今年は本学はABB以上を採る」と発表すれば、その学生はアプライ（申請）すれば自動的に合格になります。「わがカレッジはAAB以上を採る」と発表すれば、その学生はそこには申請できません。

この制度で興味深いのは、受験生の選択する科目に制限がないということです。好きな科目、得意な科目を5科目受験し、その上位3科目が自分の持ち点なのですが、そこに「うちの大学はこの科目でなければならない」という制限がないのです。どの科目であろうともよい、ABB以上であればよいということなのです。

ですから、私はバイオリンが弾けるから1科目は音楽演奏を取り、文学が好きだからもう1科目は文学史を取り……ということでいいのです。そんなことをして入学した後、理系なのに理系科目を取っていなくていいのとなるでしょうが、そういう学生は入学してもついていけませんから、自分からそうした大学には応募しません。留年という制度はありませんから、何単位か取れなければ退学するしかないのです。

つまり、自分の得意なもの、好きなものを生かせという制度であり、そこに科目ごとの序列や上下関係がないのです。こういう制度ができれば、小中高の段階でも一人ひとりが自分の得意なものをひとつ、ふたつつくろうという気になりやすいのではないでしょうか。それが結果として多様な力が響き合うクラス、仲間づくりにつながる可能性を高めます。

日本がこうした入試制度に移れるかどうか、ハードルは高いと思います。多様性を大切にした市民性の教養ということを考えると、制度自体の枠組みを変えるほどのことをしないと簡単ではないでしょう。

## 横並び＝平等ではない

前著の『本当は怖い小学一年生』の中で、私は午前中は国が定めたカリキュラムを学び、午後は自分で考えたカリキュラムを学ぶ、そうした学校がこれからのひとつのモデルになるのではないかという提言をしました。学校内だけで自分のやりたいカリキュラムをこなすことが無理なら、学外のボランティア的な習い事や塾に通っても構わない。その費用はある程度公的に負担すべきだと考えます。

現状では、習い事をさせられる家庭と、なかなかそういう余裕がないという家庭があって、同じ子どもでもチャレンジの場とか、体験の機会に差がありま す。才能という言葉が適切かはわかりませんが、学びの場やチャンスをできる限り平等に提供する社会が理想でしょう。

日本は一律に同じことをすべきという村共同体的な意識が残っていて、それを「平等」と思っている人がまだいます。

同じことを同じようにすることが平等なのではありません。同じことを同じようにしなければうまく動かないというような場合は別でしょうが、普段は子どもたちの心持ち、願い、やり方、ペース等はみな違うのですから、子どもたちのその思いをそれぞれに満たしてあげるということが平等なのです。人間、中身はみんな違うのです。

自分のしたいこと、好きなことを自分のペースでして自分を豊かにする。そういう人たちの集合体である市民社会は、社会そのものも豊かになっていきます。

市民社会はいろいろな個性を持った人がそれぞれを認め合い、支え合い、響き合うコミュニティであることが理想形で、同じような考え方や横並びの行動をする組織、金太郎飴みたいな社会ではありません。

みんなが各々いろんなことを考えて生活しながら、自分たちの社会というところで共通の議論ができる。これこそ多様性を持った市民による、新しい市民社会と言えます。

つまり、ひとつ目のポイントはそうしたことが当然と思える教育の制度を新しく構築することです。

## ルソーの考える「自然の欲求」とは

では、ふたつ目のポイントとはなんでしょうか。

哲学者であり政治学者であるジャン＝ジャック・ルソーが『エミール』という本の中でとった立場です。近代教育思想の祖と言われるルソーは、子どもを乳児から青年期まで育てる小説の体裁をとったこの作品で、子どもの育ちの本質を語ろうとしています。

本にある「万物をつくる者の手をはなれるときすべてはよいものであるが、人間の手にうつるとすべてが悪くなる」（今野一雄訳、岩波文庫）という言葉はよく知られていますが、自然への礼讃と人為的なものへの批判的なまなざしが、彼の思想の根本にあります。

ルソーは『社会契約論』で、市民が主体となる政治形態に、「契約」という宗教的考え方をいわば世俗化して実現する方法を提言したのですが、プラトンと同じように民主主義は民が本当に「公」のことを考え、それを最優先する人たちでないと容易に衆愚《しゅうぐ》政治になることを恐れていました。

そこでルソーが考えたのは、市民社会をつくるにはその社会を担う人間をていねいに「市民」として教育するということでした。では、私利私欲を優先とする子どもを、どのようにして公も大切と考える人間に育てるのか、その手順を示そうとしたのが『エミール』だったわけです。

ルソーは、たとえば『言語起源論』という本の中で、言語の起源は労働ではなく、愛を語り合うことだったと述べています。人間は元来、攻撃性よりも共存性を持つことで、他の動物と区別されてきたと考えているのです。最初の作品『学問芸術論』でも、人間の持つそうした根源的な優しさ、愛、共感性をむしろ壊そうとしてきたのが現実の学問芸術だったと反語的批判を展開して世に出ました。

ルソーにとって、人間は自然状態（文明に変に染まらない状態）では共感的で平和を好む存在でした。だからルソーにとって教育は、その自然性をていねいにふくらませていく方向を取れということになります。

・教育は、自然か人間か事物かによってあたえられる。
・わたしたちはみな、三種類の先生によって教育される。これらの先生のそれぞれの教えがたがいに矛盾しているばあいには、弟子は悪い教育を受ける。それらの教えが一致して同じ目的にむかっているばあいにだけ、弟子はその目標どおりに教育され、一貫した人生を送ることができる。
・この三とおりの教育のなかで、自然の力はわたしたちの力ではどうすることもできない。だからほかの二つを一致させなくてはならない。
（前掲書より抜粋）

これが教育論『エミール』における有名なテーゼですが、こうした言い方の中には、ルソーが人間の自然状態を、哲学者のトマス・ホッブスのように闘争状態（攻撃性がむき出しになる状態）と見ないで、共存と愛の状態と見ようとしたということが反映されています。

## 自分を徹底的に大切にする

そうしたルソーが『エミール』の中で大事にした人間の自然の欲求が、ふたつあります。

ひとつは「アムール・ドゥ・ソワ」、つまり自己愛、自分を大切だと思う心です。自分を愛する、自分の心の欲求を徹底的に大切にするというのが人間の本性（自然性）だと考えるわけです。

しかし、これだけだと人間は「自分が自分が」となる可能性があります。そこでルソーが重視したふたつめが「ピチエ」という感情です。訳が難しいのですが、私の大学院時代の指導教員であった吉澤昇先生は、これを「共感・共苦」の感情と訳しておられました。私もこれが良いと思って採用させてもらっています。

このピチエという感情は、根源的な共感感情と言えるもので、最近認知心理学者の佐伯胖《ゆたか》氏が引用して重視しています。乳児からの道徳性の育ちを研究しているハムリンとウィンらの実験によって、ひょっとしたら人間が生まれつき持っている感情かもしれないとされているものと言ってよいでしょう。

ルソーは自己愛、つまり自分の欲求を徹底して大事にすることと、共感・共苦の感情を大事にすることを統合して市民性を形成するのは、やり方次第で可能だと考えていたように思います。

ただし、そのために重要なのは、子どもに社会からの要請を早め早めに示さないことです。子どもの中にある自然性＝共感性を信頼して自分のやりたいことを存分にしていると、やがて思春期を迎える時期に共感・共苦の感情をベースに、それを言わば理性化する努力をすることで市民性が育っていくと考えていたのではないでしょうか。

私も、この立場をとりたいと思います。幼い頃にできるだけ子どもの自然性を大切にし、子ども自身の欲求を存分に出させて、その中で自分の中にある共感・共苦の感情に磨きをかけていく。そういう育て方を大切にしたい。

それが結局、子どもの自己愛の方向の多様性を認め合う市民性のベースを育てることになると思うのです。

# 第3章　学びとは自分を知ること

## 大人は子どもの輝きを知らない

私はおもに幼児教育を中心とした活動を通して、子どもたち一人ひとりの「命の輝き」を実現したいと考えてきました。

「輝き」というと、何か漠然としていて、単なるきれいな言葉のように受け取られてしまうかもしれません。でも、私たちは、ともすれば子どもたちが本来持っている命のたくましさ、尊厳を忘れてしまい、大人の視点で物事を考えがちです。日常的に子どもに接していないと気づかない、豊かな瞬間がたくさんあるにもかかわらず。

大人たちが期待する「輝き」と子ども本来が持っている「輝き」はきれいに重ならないのではないか、不登校をはじめとする学校教育の問題を目の当たりにして、最近はそんな思いを強くしています。

この章では、国が提案する学力観を検討しながら、子ども本来が持つ力について考えていきたいと思います。

２０２０年に大学入試センター試験が廃止され、新しい大学入試に変わることが発表されています。同時に行われる学習指導要領の改訂により、国の考える21世紀型の教育への脱皮が始まることもご存じでしょう。

「学習指導要領」とは、国が「子どもたちが学校で何を学ぶのか」を定めたもので、教科書もこれに沿った形でつくられます。

これまでは学年や教科ごとに、どういった内容を教えるかを中心に定められてきましたが、今回の改定では、従来の学習指導要領のつくり方を自ら批判し、「社会に開かれた教育課程」が標榜《ひょうぼう》されました。

つまり、未来の社会をイメージして、だからこのような力が必要だ、という社会と個人の資質・能力の関係をもっと明確にすること、そのために育てたい力や能力をより具体的に描くこと、そして知識や決まった解き方を覚えるだけでなく、未知の状況にも柔軟かつ適切に対応できる知的・心情抑制力を育てることに重点移動すること、それらを幼少期の教育においても同じように進めてもらうことなどが打ち出されたのです。

このことについてはおいおい説明しますが、その前に私自身の考えていることを述べておきたいと思います。

## 教育の原点は幼児教育

私は長年、幼児教育に関わり続け、幼児教育はあらゆる教育の「原点」だということを、改めて強く認識するようになってきました。

赤ちゃんは自分の意思で生まれてくるわけではありませんが、ただひとつ、生命をいただくという点ではどんな時代でも、どんな社会でも、平等に生まれてきます。そのいただいた命を大切に育みながら、「生命の輝き」をその子らしく実現していくことが、大げさですがその子のもっとも大事なミッションであり、義務だと言えます。

でも人間の子どもは、自分だけで自分の生命を輝かせることはできません。それを温かく優しく応援するたくさんの大人と社会が必要です。

生命を輝かせるためにもっとも有効なのは、何か。

それは、「生きるとはこんなに面白いことか」と感じられるような体験を、いろいろすることに尽きます。

でも、子どもはみな持っているＤＮＡが違うので、どういうことをやったらその子の生命が輝くか、それぞれに違っています。たとえば、劇をやるとき、ゾウの役ではあまり乗り気でなかった子が、ウサギ役になった途端に元気になったりする。本当に微妙な違いを持って生きています。

ただ一度きりの人生ですから、ひとつしかない生命を輝かせたいと誰しも思うはずです。生きるとはとても面白いことと思いたい、誰もがそういう欲求を強く持って生きています。そして、その子らしい生命の輝かせ方が次第にわかってくると、その子が生きてきた後ろには、その子がその子でしかできない仕方で辿《たど》ってきた道が、おのずとできあがってくる。

そうして自分でしかつくれない「私の生命の物語」が、少しずつ連なってできていくのです。

その子らしい内容豊かな物語を辿っていくと、やっぱりいい人生だったと思うことができる。そういった物語がつくれるように、周囲が励まし、応援していきます。「たったひとつしかない生命を決して無駄にせず、自分らしい生命の物語を創ろう。そこはあいまいにしてはいけない」。まさに、その子にしかつくれないかけがえのない、その子の生命の物語をつくること。これが生命を与えられた人間が唯一持っている責務と言ってもいいでしょう。

そうした子どもの生命をどう輝かせるか、本人が一生懸命模索していることを感じとり、味わい、その模索のテーマの実現を周囲が手伝うことこそが教育であり、あらゆる教育の原点でもあるのです。

子どもは自分の生命を輝かせると同時に、ひとつの共同体の一員、コミュニティの一員として生きていかなければなりません。そのためには、どうしたらそのコミュニティが豊かになるかを考える力も同時に身につけていく必要があります。

これが先述した市民性を育てる考え方ですが、そういうことを含んで、子どもたちを上手に育てていくことが私たち大人に求められています。

## 人生のかけがえのなさをどう感じさせるか

「生命を輝かせる」とは、わかりやすく言うと、子どもがその子らしいいい表情をし、目を輝かせて生きている、そういう状態のことです。

飼っていた大好きな犬が死んでしまったり、おばあちゃんが怪我をしてしまったり、友達と言い争いをしてしまったり。小さな子どもたちの日常は楽しいことばかりではありません。彼らはみな、小さな痛み、傷、不安をいっぱい抱えて生きています。

自分だけでは生きていく力が未熟なぶん、大人の顔色をうかがったり、必死で自分を守ろうとする力はむしろ幼い子のほうが強いのですが、それだけに不安も強いのです。そういう意味で幼い子たちの人生は、山あり谷ありでそうそう平坦にはいかないものですが、それがその子の生命の物語の描き方をたくましくするということもできます。

もちろん、生きる条件はみな違います。難民キャンプの中で生まれた子ども、極寒の地で生まれた子ども、はたまた赤道直下の地で生まれた子どもたちもいます。みな住んでいる条件は違うし、おのずと幸せの中身も一律ではありません。

ただ、与えられた条件、環境の中で、やっぱり生きるって面白い、自分は幸せだということを子どもたちが実感できるような体験は、どのような条件でも工夫しだい、努力しだいでつくれるはずです。大人たちがそうした豊かな体験ができるように支えていけばいいのです。

子どもは未熟だし、財力があるわけでもない。やりたいと思ったことも自分の力だけでは実現できない。情報も圧倒的に不足しています。だからこそ、大人がそうしたチャンスを上手に提供していくことが大事なのです。

「こんな面白い人いるから一緒に会いにいかない？」「今度、土日はこういうところに行って、思い切って羽を伸ばしてみよう」といろいろ提案していく。そうすると、子ども自身が自分で自分に響くものを見つけていきます。

諦めることなく、「こんな面白い世界があるよ」と見せ続けると、ある段階に来ると子どもたちの中でくすぶっていたものがぱっと燃え広がることがあります。くすぶっているうちは、「難しい」「つまらなそうだ」「やりたくない」といった態度をとり、やめたりもしますが、本当にそうだろうかと子どもを見ながら、継続してチャンスを与え続けます。すると、やがて火がつく。

まさにこれが教育の原点だと思います。幼児教育が実践している保育とは、その子の中で生命の火がどうすれば燃え広がるかを探しているようなものです。保育者は、子どもたちがどうやったらぼっと燃え広がるかをひたすら探求し、見つけようとします。

## 保育から教育へ、変容する学びの形

保育・幼児教育から、学校教育へ。小学校へ上がった子どもたちに、大人たちはどのように接しているでしょうか。

学校における集団生活における「ああしなさい、こうしなさい」といった指示で、子どもたちの目が輝くことはあまりありません。表面的には幼い子たちは従いますが、多くは先生にそむいてはいけないと思っているから、なんとなく周囲の友達と同じことをしなくてはいけないかな、という感覚でついていくだけです。

自分がやりたいものと、大人がやらせようというものとの両立が必要になってくるのが学校です。

やがて学ぶ内容がレベルアップしていくと、子どもたち自身が満足できなくなり、よりレベルの上のことをめざし始めます。子どもたちには今ある自分をもっと上にいかせようとする本能、自己超越の本能があるからです。

小中学校でも原則は同じで、あれこれ学んでいくと、やがて、英語ができたほうがいいとか、数学がもう少しわかったらもっと面白くできるはずなどとなっていく。そうして英語や数学を勉強しようとする気持ちが育っていきます。

これこそが学びのあるべき流れです。いろんなものに取り組んでいく中で、もう一段上のことを知りたい、もっと後ろに隠れていることを知りたいと、知的、あるいは感情的な欲求が高くなってくる。そうなると、学びのスタイルもどんどん多様化し、新しいレベルに入っていくのです。

## 押しつけではない、自立した学びを

学校のプログラムは、それぞれが教科ごとに独立し、学年でやるべきカリキュラムが決まっています。ただ、これは大人が考えた平均的な成長のプログラムを提案しているだけであって、子どもはそのプログラム通りに発達したり疑問を持つようになるわけではありません。

先生からの問いを考えているうちに、今まで自分がそうだと思っていたことがどうも違うと気がついた。もっと調べてみたいと思った。そういうときに、それに適応した環境やカリキュラムを提供すればいいわけです。

冷蔵庫に入れてあった魚をしばらく忘れていて、ぱっと見たら腐っていた。どうして冷蔵庫に入れても腐るのだろうと疑問に思った小学3年生の子が、近所の保健所に行ってその疑問を解こうとする。または、図書館で調べてみようとする。これこそが知的な好奇心だし、知的な関心に基づく学びです。

自分がやりたいこと、知りたいことに一生懸命取り組んでいる中で、だんだん知りたい世界が奥深くなってきたり、広がっていったりする。それは自分がやりたい、知りたいと自分で思うからこそ広がっていくのです。誰かから勉強しなさいと言われて広がるケースというのは、少なくとも受験の圧力が大きく下がってきた現在の社会では本当に少ないと思います。

## 育ちを支える「五領域」とは

「五領域」という、保育所や幼稚園での教育目標を表しているものがあります。これは文科省の提示する幼稚園指導要領で、人間の能力を一定の立場から構造化しようとしたものです。

具体的には、「健康」「人間関係」「環境」「言葉」「表現」の5つが挙げられています。

**健康**　健康な心と体を育て、自ら健康で安全な生活をつくり出す力を養う。

**人間関係**　他の人々と親しみ、支え合って生活するために、自立心を育て、人とかかわる力を養う。

**環境**　周囲の様々な環境に好奇心や探究心をもってかかわり、それらを生活に取り入れていこうとする力を養う。

**言葉**　経験したことや考えたことなどを自分なりの言葉で表現し、相手の話す言葉を聞こうとする意欲や態度を育て、言葉に対する感覚や言葉で表現する力を養う。

**表現**　感じたことや考えたことを自分なりに表現することを通して、豊かな感性や表現する力を養い、創造性を豊かにする。

「幼稚園指導要領」より

これらは独立して並びあうものではなく、積み重なって成立する立体的なものだと私は思います。まずベースに「健康」があり、さらに対人関係能力をていねいに鍛えていく「人間関係」があって、このふたつがいわば土台のような役割を果たしています。

それぞれを少し詳しく補足すると、「健康」とは「心身の健康」を指します。

身体を育てるというのは、病気に容易にはならない丈夫な身体、免疫力の高い身体というだけでなく、手ワザ、足ワザなど人間が生み出してきた文化のワザを刻み込んだ身体を育てるということも意味します。

これは、木を削ったり、ノコギリや包丁をうまく使ったり、スポーツがあれこれできたり、人にやさしく触れたり……というしなやかで技術を備えた身体づくりです。さらに、神経系の働きの鋭い身体、認識能力の基礎として感性がよく耕された身体を育てることも大切です。こうした身体を育てることを、健康な心身を育てると考えていいと思います。だからこそ「健康」がベースなのです。

「人間関係」とは、私たち人間が集団で暮らしてきたことに理由を持つ能力です。人とかかわる力はじつに多様な能力群を前提としていて、人の気持ちを表情等から理解したり、相手の心を傷つけずにこちらの要望を伝えたり、ときに反発しあってもお互いに感情を害さない姿勢をキープしたり、好きになったときにその気持ちを上手に伝えたり……。そのほか、人への感謝を表現したり、相手のことを配慮できたり、ときにはお世話をしたりと、じつに多様です。

　これらの力をていねいに育んでいくことなしに、社会人にはなれません。したがって「人間関係」づくりの能力を育てることは人間形成の土台となるのです。

## 世界の一部に自分を位置づける

「健康」と「人間関係」、その上にあるのが「環境」です。これは見えたり聞こえたりしている世界、あるいは見えないけれど周囲にある世界が、いったいどのようなものなのか、具体的に認識する力とも言えます。「自分の環境世界をわがものにする」力です。

　人間は、夜空で星がきらめくのを見て、「あれはなんだろう？」と考え、風が吹けば、「どうして風が吹いているのだろう？」と考え、自分の周りの世界をなんとか理解したい、認識したい、わがものにしたいと思い、歴史を刻んできた生き物です。

ときには、自然を上手にコントロールすることも必要です。農業の場合、この時期にこの種を植えたらいいとか、暑いときにはどうやれば熱を防ぐことができるのか、これまでの経験を知識として蓄え、それを応用していかないと環境はわがものになりません。

もちろん環境をわがものにするというのは、自然を思うようにするという意味ではありません。わかりやすく言うと、世界はなぜこうなのかということを認識しながら、世界の一部として自分を位置づけることです。

自分の周りの世界がどうなっているのかを知りたい、世界がどうなっているのかを知りたい。これは人類のおそらく普遍的な欲求です。

また、五領域の環境の中には「他者という環境」があります。社会に生きる者として、他人にどのように接すればよい関係がつくれるか、親子関係も、友人関係も、恋人も含めた対人関係に自分を位置づけます。同時に、私にとって他者とはどういう存在なのかについても考えます。

私の中にどれだけ他者が入っているのか、自分の中にどれぐらい親がいるのか、私がこういうふうに考えるのは、やっぱり親に育てられたからなのだろうか、私がやっていることで誰か喜んでくれる他者がいるのかなどを考えます。

人は決してひとりで完結するのではなく、関係性の中で自らを知り、存在意義を見出すものなのです。世界を知りたい欲望、他者を知りたい欲望、そして他者を通じて自分を知りたいという欲望を持っているのです。

## さらに、言葉と表現を重ねる

世界や関係性の中に自分を位置づけたら、そこからは、どのように生きたらいいのかを思い描いていきます。

今の自分でまあまあ満足できるのか、最終的には自分は何を望んで生きているのか、何をしたときに自分は満足感を得る存在なのかと突き詰めていく。人間はそういうことをじつは知りたがっていて、それを学びを通して得ていくのだと思います。

先の五領域は、こうして身体力と人間関係力と認識力を人間の能力のベースとしながら、そこに言葉の力と表現力を付け加えています。言葉は他の領域すべてとつながって形成され、人間独自のコミュニケーションを支えるツールです。個々の単語は身体（健康）、人間関係、そして環境のいずれか、あるいはその組み合わせで意味の世界をつくるのですが、その意味を伝える記号となるのが言葉です。

言葉はそれぞれの母語を見本とし、模倣を重ねながら身につけるものですが、やがて言葉の使い方、組み合わせ方によって伝わるものが異なってくることを学び、よりていねいで誠実な言葉選びが大切だということを理解するようになります。そうした言葉の誠実な担い手に育てることが目標になります。

表現は、本当は感応・表現としたほうがよいと思うのですが、世界と対峙《たいじ》して感じる力を耕しながら、個々に感じ蓄えたものを声や身体パフォーマンス、仕草、歌、絵画や造形などという独特の文化ツール（メディア）を使って形あるものに変換して外に出す（見える化）ことを言います。

そこで問われるのは、感応したものへの誠実さと美です。人間は10万年くらい前から美にこだわってきたことがわかっているのですが、感情を美という世界の中へ外在化させるという独特の行動様式を身につけ、人間を人間たらしめてきたということはとても興味深いものです。

私は五領域の中に、この表現の力を付け加えたことは大切な知見と考えます。そこに確かな人間学を感じます。

そういう意味で、五領域というのは、その関係をもっとダイナミックに示すべきという課題はあるものの、基本的には人間の基礎力の表現としてよくできていると思います。

ただし、これで将来的にも十全かどうかは別です。ニュージーランドのテファリキという就学前教育指針では、「帰属感」とか「貢献性」などが日標の柱になっていますが、これは先に見た「公人＝市民」の育成ということを意識しているからです。日本はこの点がやや弱いという気がします。

ちなみにテファリキは先住民マオリ族の言葉で「編んだ敷き物」を意味し、1996年からすべての幼児教育機関で導入されました。4つの原則（エンパワメント、全体的発達、家族とコミュニティ、関係性）と5つの要素（心身の健康、帰属感、貢献性、コミュニケーション、探求）から成り、「何歳までに何ができるようになる」といった要素はありません。

ニュージーランドでは、幼児教育を終えた子どもたちは「ラーニングストーリー」と呼ばれる成長記録を保育者からもらいます。これは、「興味のあること」「チャレンジしていること」などを記録したもので、その子の「学びのプロセス」（どのように学んだか、学ぼうとしていたか）を家族や大人たちが共有することで、以降の自主性や意欲をさらに伸ばす鍵になっている取り組みです。

## 成長は三つを串刺しにして成り立つ

あらためて強調しますが、人の知性は、「世界」「他者」「自分」を知りたいという原点をもとにその世界にどんどん深く入っていくことと言えます。日常の行動にも、この三つの側面は必ず出てきます。卑近《ひきん》な例で言うと、たとえば将棋をするとき、こっちがこう指したら相手はこうくるだろうといった読みがあり、自分はこういう作戦が得意だからこれでいこうなどと戦略を考えます。

そこには自分についての認識があり、他者についての認識もあり、さらに、もっと一般的な知識、勝ち方についての広い認識も必要です。

人間は何かを知りたい、深めたいという気持ちになったとき、必ずこの三つの方向で知性を働かせています。まさに、串刺し状態なのです。

楽器を演奏しようとして、いい演奏をするためにはどういうふうに弾いたら人は感動してくれるのかを考え、どういう音を出したら自分は納得できるのかを考える。と同時に、演奏するバイオリン特有の音の響きのためには弦を調整し、演奏する場所の物理的で客観的な状況についても知る。外の世界、他者、自分を知らないと、本当に納得できる演奏にはならないのです。

あるべき「学び」はそれゆえ、自分、他者、世界への知を串ざしするような「学び」でなければならないと思うのです。

## 活動主義から内省の知へ

このことをもう少し考えてみます。

私たちのこれまでの学校での学びは、基本的には活動主義でした。懸命に考える、調べる、議論する、その中で脳のシナプス回路ができていき、それが整っていくことで学力が身につくと言ってきました。しかし、何かを調べ、考えているとき頭に新たにできる回路は、操作の仕方や個別の知識についての回路にすぎません。たとえ何かができるようになっても、そのこと自体がどういう意味を持つのかまでは考えていません。活動していること自体を発達の条件と見てきたのです。

しかし、深い学びというのは、あとでも見るように、頭が前向きに活動しているときに生じるとは限りません。むしろそれをいっとき止めてみる。そして友人にわかったことを言葉で伝えてみる。伝えようと努力することで自分の頭の中で起こっていることを反復し、順序立て、因果関係に組み直し、それを別の言葉で表現し直し……という広い意味での「反省」の場に持ち込むのです。

そうすることによって、自分の中に何がわかり何がわかっていないのか、あるいは自分がわかったことのもっと別の意味は何かなどが、ほの見えてきます。つまり「意味の世界」が新たに広がり出すのです。こうして単なる「操作知」「個別知」だった脳の回路に「意味知」がつけ加わり、より深い学びが拓けてきます。

このように活動してわかったことを協働の場に投げかけ、共有しようとすることで反省的な知、意味の知の世界が生まれてきます。

今までの日本の教育にはこの面が弱かったように思います。活発に前向きに考えるだけでなく、わかったことをストップして反省し、発酵させる。これもまた大事な学びなのです。

この発酵の活動は、他者のわかり方との交渉の場であり、その交渉を通じて自己の学びの特性や特徴、限界などを自覚していく場になります。学ぶというのは、世界という対象を知りたいという動機をテコに、それに対する他者の学びの特性を知ることで他者をより深く理解し、合わせてその他者と対峙している自分を他者を鏡にして認識していく。そうしたことの総体を指すのです。

これが世界・他者・自分を串ざしにして知るということのひとつの具体的なイメージです。学ぶことはその意味で他者を知り、自分を知ること——そして厳しく言えば、ソクラテスのように最後は己の無知を知ることなのです。

今の国の提起による「資質・能力」育てが、そうした子どもたちの自発的な意思をベースとした豊かな学びにつながるものかどうか、じっくりと見守りたいと思います。さしあたり、こうした学びは幼児教育の世界では理解されやすいということを強調しておきましょう。教育界は幼児教育にもっと学ぶべきだと思うのです。

第4章

# 求められる「資質・能力」とは

## 学びの原理と「資質・能力」

以上を踏まえて、「学ぶ」ということについて考えてみましょう。

何かを身につけよう、何かをもっと高いレベルでできるようになろうとしながら、世界と他者と自分への認識を串ざしにして深めようとするのが学びのあるべき姿でした。

ここでは、2018年から順次改訂されていく幼稚園教育要領や保育所保育指針、そして小・中・高の学習指導要領が、こうした本来の学びにどう接近しようとしているかを吟味したいと思います。

今回の、学習指導要領の改訂による「資質・能力」像については、「どのように学ぶか」についても言及されていることが大きな特徴です。中でも「アクティブ・ラーニング」が大きなキーワードになりました。具体的には、以下のような説明がされています。

**主体的な学び**　学ぶことに興味や関心を持ち、自己のキャリア形成の方向性と関連付けながら、見通しを持って粘り強く取り組み、自己の学習活動を振り返って次につなげる。

**対話的な学び**　子ども同士の協働、教職員や地域の人との対話、先哲の考え方を手掛かりに考えること等を通じ、自己の考えを広げ深める。

**深い学び**　各教科等で習得した概念や考え方を活用した「見方・考え方」を働かせ、問いを見いだして解決したり、自己の考えを形成し表したり、思いを基に構想、創造したりする。

今回、このように「アクティブ・ラーニング」を「主体的・対話的な深い学び」と国が表現したことについては私は間違っていないと思います。こちらのほうが、誤解を生みにくいからです。

「主体的」というのは自分が本当に知りたいことを自分が主人公になって学ぶことだし、「対話的」は他者をしっかりとくぐって学んでいこうというもの。そして「深い」とは心が動かされる学びで、それまでの知識と新しい知識がどんどんつながっていくということです。

こうした主体的な学びを実践していくには、子ども自身が自分の知りたいこと、やりたいことを常にベースに据えながらやっていくことが、一番有効な方法になります。

「主体的」ということは、子どもの感情や動機という深部の脳の活動までもが動員された学びということですから、学ぶことが感情の蘇生や再生につながり、「自分が何を欲しているのか」についての認識が芽生えます。また、他者をぐることで他者認識と自己認識のきっかけがふくらみ、自己・他者・世界を串ざしにして認識していくことに近い学びが期待されると言えるでしょう。

## アクティブの本質とは

しかしこれを表面的にとらえて、ただアクティブであればよいという形式だと理解してしまうと間違ったことが起こりかねません。

授業中に何回手を挙げたとか、何回発表したとか、元気よく発言したといったことがアクティブの表現と思ってしまうと、子どもたちの頭や心は本当の意味でアクティブになっていないのに、外に表れた威勢のよさだけが評価されるということになってしまいます。そうした表面的なことではなく、あくまでも、「主体的・対話的で深い学び」という三つの要件が満たされるような学びがテーマなのです。

いずれにしても、これまでのようないわゆるトーク&チョーク方式と呼ばれる講義形式の授業では、こうした力の育成はあまり期待できません。幼稚園や保育園でも子どもたち自身の自由で豊かな対話と、それを大切に思う保育者のていねいな支えや評価が媒介となる実践が大切になるでしょう。

新要領の成否は、こうしたことを現場の実践者が深く理解しているかどうかにかかっているように思います。

ちなみに、今回の改定では、これまで使われていた「学力」という言葉はあまり使われず「資質・能力を育む」という言い方が中心になっています。これについて、少し考えてみたいと思います。

## 資質・能力の三つの柱

まずは、国が考える「資質・能力」の三つの柱を引用しましょう（以下、文科省発表「新しい学習指導要領等が目指す姿」より）。

### 1「何を知っているか、何ができるか（個別の知識・技能）」

各教科等に関する個別の知識や技能などであり、身体的技能や芸術表現のための技能等も含む。基礎的・基本的な知識・技能を着実に獲得しながら、既存の知識・技能と関連付けたり組み合わせたりしていくことにより、知識・技能の定着を図るとともに、社会のさまざまな場面で活用できる知識・技能として体系化しながら身につけていくことが重要である。

### 2「知っていること・できることをどう使うか（思考力・判断力・表現力等）」

問題を発見し、その問題を定義し解決の方向性を決定し、解決方法を探して計画を立て、結果を予測しながら実行し、プロセスを振り返って次の問題発見・解決につなげていくこと（問題発見・解決）や、情報を他者と共有しながら、対話や議論を通じて互いの多様な考え方の共通点や相違点を理解し、相手の考えに共感したり多様な考えを統合したりして、協力しながら問題を解決していくこと（協働的問題解決）のために必要な思考力・判断力・表現力等である。

特に、問題発見・解決のプロセスの中で、以下のような思考・判断・表現を行うことができることが重要である。

・問題発見・解決に必要な情報を収集・蓄積するとともに、既存の知識に加え、必要となる新たな知識・技能を獲得し、知識・技能を適切に組み合わせて、それらを活用しながら問題を解決していくために必要となる思考。

・必要な情報を選択し、解決の方向性や方法を比較・選択し、結論を決定していくために必要な判断や意思決定。

・伝える相手や状況に応じた表現。

### 3 「どのように社会・世界と関わり、よりよい人生を送るか（学びに向かう力、人間性等）」

1と2の資質・能力を、どのような方向性で働かせていくかを決定づける重要な要素であり、以下のような情意や態度等に関わるものが含まれる。

・主体的に学習に取り組む態度も含めた学びに向かう力や、自己の感情や行動を統制する能力、自らの思考のプロセス等を客観的に捉える力など、いわゆる「メタ認知」に関するもの。

・多様性を尊重する態度と互いのよさを生かして協働する力、持続可能な社会づくりに向けた態度、リーダーシップやチームワーク、感性、優しさや思いやりなど、人間性等に関するもの。

これらを、先に挙げたバイオリンの演奏に当てはめて考えてみましょう。

たとえば、このように演奏すればいい音が出るという知識・スキルは、1の「何を知っているか、何ができるか（個別の知識・技能）」に該当します。

また、そのやり方を自分なりに工夫するとか、やり方のヒントを周りのみんなに上手に説明できる力は、2の「知っていること・できることをどう使うか（思考力・判断力・表現力等）」に当たります。

さらに、それに他者との関係の中で自分がわかったことを表現する、逆に他者からおかしいと指摘されたときに、自分の方法を修正する。いわゆる他者をくぐりながら、自分の認識の世界を深めていくのも2の側面です。

そして、バイオリン演奏を生かして、みんなが喜び合っている場に参加してその場を盛り上げるとか、他の楽器奏者と協演する、あるいは演奏がもっと好きになって他の楽器の演奏にチャレンジするなどの行動は3の「学びに向かう力、人間性等」という項に含まれるでしょう。

大切なのは、そうして自ら学び、他者との関係を築くことによって、自分への理解を進めることです。演奏がうまくいかなかったり、方法論のところで他者から否定されたりしても、やはり自分はこれを本当にやりたかったのだと感じることが成長であり、学びなのです。

## 行動・態度につながる知性へ

それはともかく、「資質・能力」という言葉は、一般的な意味を超えて、今後このような3つの側面を持った人間の能力を指すことになり、その育成が教育の課題となるとされているわけです。

別の言い方をすると、何かを学んだ結果、①個別のそのことについての知識やスキルを身につけるだけでなく(これだけだと従来の「学力」の延長です)、②深く考えたり、議論したり、調べたり編集したり、説明したりするなどの応力的な実践力をも身につける。そして、③その結果、学んだことを「生活」に生かせるようになる、もっと自分で学ぼうとするようになるなどの意欲や態度を身につける。

こういう3つの側面を持った学びを実現しようとすることであり、この3つを含んだ力を「資質・能力」と言っているわけです。

要約すると、①は「個別知」、②は「実践知」、③は「人格知」となるでしょうか。

このうち③は、たとえば環境問題について学んでも、その結果として次の日からゴミを減らしたり、空き缶を集めたり、電気使用の無駄をなくしたり等々の行動が生まれないような感じがこれまで日本では多かったことへの批判であり、反省だと思います。

頭の中に「間借り」しているだけの知ではなく、感情や自我が突き動かされる知にならなければダメだということです。行動や態度、姿勢につながるような学びを実践しようという呼びかけです。

こう見る限り、「資質・能力」の強調は、これまでの日本の教育の限界を大きく超えていく可能性を持った提起と言えると思います。しかし、限られた時間の中で、こうした授業や保育を具体的にできるかどうか、現場は厳しく問われるでしょう。

私は、これらを可能にする実践を現場ができるようになるには、教師にもっと大きな自由と裁量を与えるべきだと思っています。午前中は国で共通のカリキュラム、午後は子どもたちが自分でつくったカリキュラムという私の提案は、そういうことができればいいけれども、と他人事のように言うのではなく、そういうことができるほどの自由が現場になければ、この「資質・能力」をていねいに、そして十全に育てることは難しいからです。

逆にそうした新しい学校ができれば、学校ははじめに述べたスーパーヒーロー、「天才」たちを育てることが今よりもはるかに可能になっていくでしょう。その意味で、今回の学習指導要領改訂は、その主旨を一貫させようとすれば、学校のあり方そのものを大きく変えなくてはならないことを示唆したものと言えます。

## パッシブ・ラーニングのすすめ

アクティブ・ラーニングはたしかに大事なのですが、私は今の子どもたちに必要なのは、それだけでなく、場合によってはむしろパッシブ・ラーニングではないかということを強調したいと思っています。パッシブとは文字通り「受け身」を指しますが、その前に、前章で少し述べた「表現」についてもう少し掘り下げてみましょう。

五領域のメリットのひとつは、人間を「表現する主体」としても位置づけていることでした。

どう感じるかということと、感じたことをどのような形にして外に表すかは、近いようで、相当の距離のあることです。両者を近づけることは、簡単なことではありません。「私」の感情を、「他者」が同じように理解するためには、公共性や相互信頼が必要となるからです。

表現の多くは、日常的には言葉を用いますが、そこには表情があり、動作があります。あるいは絵のような形にしたり、音楽やパフォーマンスで表現することもあるでしょう。動画にしてインターネットにアップするとか、写真をインスタグラムに載せたり、デジタルネイティブと呼ばれる世代はすぐそばの友人に対しても、ＳＮＳなどで意思を伝えることもあるかもしれません。

いずれにしても、表現は、内面世界を生きている個人が、表現の世界にアウトプットすることで他者と出会い、共通理解を広げ、人間が共同で生きていることを確認し合える、とても大事な機会になります。

幼い子どももまた、感じたことを必死に伝えようとします。喜びや発見、驚きを周囲が受け止め、それに共感することで、子どもたちは他者とつながります。幼児教育が五領域のひとつとして「表現」する力を育てていこうとしたことはとても大事なことなのです。

## 教育と表現とは異なる

「表現」というカテゴリーをもう少し広げると、かつて生活綴方《せいかつつづりかた》教師が述べたように「子どもの一挙手一投足が表現である」ということになるでしょう。子どもは子どもなりの内面世界を抱え、その内面世界を生きながら、それを彼らなりの仕方で外の世界につなぎつつ生きています。その内面と外面の接面《つなぎ》にあたるのがその子の素朴な「表現」です。目つき、表情、歩き方、声、姿勢……すべてその子の内面の外面化＝接面への押し出しであり、表現です。

大人は接面としての子ども表現から子どもの内面を読み取ろうとします。それを「子ども理解」と言っているのですが、そのとき子どもの厳しい表情やときに悪態などを、ネガティブなものとしてとらえるのでなく、そうした形で出さざるをえないその子の善くなろうとする意志の裏面と読み取ることが大切です。子どもはそうしていつも「善く」とらえてもらうことで、内面の「善さ志向」を活性化します。善くなろうという気持をめばえさせるのです。

子どもの内面には、善ややさしさ、共感へ向かおうとする原《げん》想《おも》いと、悪意や憎悪に向かおうとする原想いが未分化な形で出口を探しています。

未分化のまま出てくる内面のエネルギーが外在化するとき、素朴な「表現」が生まれるのですが、そのとき大人がその表現を「善く」見ようとすることで善さのほうが外に出る水路を広げられ、その子の「表現」自体が「善さ」に色づけられるという構造があります。

こうして子どもは、善く見られることで善くなるという向善性を生きているのです。

私たちは子どもたちの一挙手一投足をそのまま彼らの素朴な表現、かけがえのない表現ととらえ、それを善く見ようとすることで子どもを善の方向に導こうとします。これを私は「表現への愛」と呼びたいと思います。

子どもを愛することは、こちらの好みの子どもの行為・態度を愛することではなく、ありのままの、その子の表現を愛すること、そこに善さを見出そうとする大人の側のまなざし＝エネルギーを注ぐことなのです。単純な観照などないのです。

## 表現は「わかる」「わからない」ではない

子どもの表現を教育で重視するようになると、これまでの教育の仕方が大きく変わります。

たとえば学習面において、小学校や中学校で「わかった」とか「わからない」という場合、その中身、理解の程度については、これまであまり重要視されていませんでした。

問題を解いてみて、その答えがあっているか、〇なのか×なのかで個人が判断されてきたのがこれまでの学校です。あるいは、教科書やプリントの範囲が決められたテストで、点数が80点だったから理解度は８割とか、50点だったから半分も「わかっていない」という評価になります。

人間は、何かが「わかる」と言ってもそのわかり方の中身は１００人いれば１００通り違っているものです。

それぞれのわかり方の内容やプロセスの中に、その人の個性が表れてくるわけで、そのわかり方の個性を大切にしあうことで人間の多様性を大事にする心の構えが育っていきます。

これまでの教育は〇×式の二分法で評価して、その点数で人を差異化していくことを優先する方法でした。一人ひとりのわかり方の個性、あるいは「わからない」というときの「わからなさの個性」をそれぞれに出しあい（表現しあい）、それをみなで了解しあったり吟味しあったりするようなことはあまり重視されませんでした。結果が大事で、プロセスはできるだけ省略して進めるのが効率的な教育だったのです。

私の院生時代の恩師大田堯《たかし》先生はそれを「問いと答の間《ま》」の省略と表現し、厳しく批判していました。「問いと答の間」を充実させることこそに人間らしさがあるのに、それをできるだけ省こうというわけですから本当の人間らしさを育てる教育とは程遠いということです。

「問いと答の間」にあるのはプロセスです。そのプロセスは一通りでなく、じつに多様です。その多様なプロセスを充実させ、ああでもない、こうでもないと間を埋める作業を深めていく。そのプロセスは個人の心の中での出来事なので、実際は外には見えません。見えるようにして共有していくためには、そのプロセスを可視化＝見える化しなくてはなりません。この可視化＝見える化のための営みがやはり表現なのです。

表現は、その意味で感応して生じた感情や情動を形象化し外在化するだけではなく、探求のプロセスを形にし外在化するということを含みます。

たとえばわかったというとき、何がどうわかったのか、その子の言葉でその子らしく語ること、あるいはわからないというとき、どこがどうわからないのか、どこまでわかり、どこからわからないのか、その子らしい言葉で語ること、それが理解（わかること）をめぐる表現であり、その表現を共有し交流しあうことで、子どもたちの認識の世界に独特の深まりが実現していくのです。

## 点数で振り分けしない社会

先に述べたように、わかり方のプロセスを表現によって互いに共有することで、より深い認識の世界に近づいていく。こうした方法は、これからの教育でより大切になっていくと予想されます。

そもそも現在の学校の根っこは選別システムに組み込まれています。点数、偏差値をひとつの指標にして、子どもたちを社会に振り分ける機能を果たしてきたのです。しかし、当の社会のほうが、点数や偏差値だけで人間を振り分けられるかというと、そんなに単純なものではなくなってきたのです。

一度会社に就職しても生涯そこにいられる人は減ってきているし、会社自体、半世紀ももたない時代です。新しい職種が次々と生まれ、20年、30年単位、いやもっと短いスパンで形を変えていく時代です。

そのように流動性が高く、安定性があまり期待できない社会では、点数や偏差値で有名大学に入り、できるだけ大きな企業に入って一生稼ぐという人生設計は有効ではなくなります。ある会社に勤めながら別の人間関係を広げたり、起業しながらも別のプランを育てたり、つまり、自らが変化する力、あるいは変化に応じられる力を持つことが大切になっていくのです。

もちろん、例外的な職業も多くあります。でもどこかひとつの組織、何かひとつのスキルというよりは、たえず探しながら模索する生き方が確実にメジャーになっていくはずです。

こうした社会を上手に生きるには臨機応変力が必要になるのですが、そのためにはこれまで述べてきたように、結果ではなく、途中のプロセスを分解する力をしっかり持つことが大事になります。

社会の変化の内実を、そのプロセスをていねいに分解することで把握し、それをもとに先々に大切になるものを見出していく。これが先行きの見えない社会への対応力、変化に応じる力となります。

結果だけを求め、○か×かに分けるような学力ではこれはかないません。つまり、社会の変化は変化のあまりない社会を前提とする知識とは異なる知性を要求しているのです。プロセスと「問いと答の間」を大切にする知性がこれからは大切になるということが、この面からも言えるのです。

## 正解のない世界を生きる

これは、見方を変えると正解がない世界、答えが一通りでない世界、答えを自分でつくらなければならない世界を生きるということを表します。

たとえば、小学校の国語の時間で本を読むときに、文中の「それ」は何を指しているのかという問いが設定されたり、あるいは著者が何年に生まれたのかというような知識が求められたりします。でも、正解のない世界で求められるのは、その本を読んだ子どもが作品のどこに感動したのか、本の中でいい言葉づかいと思うのはどれかなど、受け止めたことをそれぞれが自分なりの言葉で表現していくことのほうです。

これは答えに自分なりの価値判断を入れていくことを意味しますが、「価値」の裏には「感情」があります。ある絵を見たときに、すてきな絵と感じるか、つまらない絵と感じるかに、正解、不正解はありません。見た人の個性で、それが真実（真理ではない）を表します。

ある場面でどういう感情を抱くかは、その人の個性が一番表れるところです。個性を大事にし合うのであれば、その感じ方の違いを面白がる。「ああいう絵が好きなの、面白い」「どうして？」と人間としての違いを認めながら理解し合う。違いを認め合った上で、はじめて本当の協働が始まります。

価値観が多様化していく社会では、多様性を担保するためにこうした感じ方の違いをどう受け止めるかがとても大事になってきます。私たちは、どこかで同一性を求める傾向を持っているからです。

## 基礎授業は小4までで足りる？

学校で子どもが学ぶべき内容は学習指導要領で決められていますが、世の中で使う知識・スキルとして最低限必要なのは、だいたい小学校4年生までのものと言われています。

もちろん、それでいいということではないのですが、算数などの計算で異分母のたし算以降のものは生活上使うことはふつうはないということです。当然その人の職業、生活、専門によって必要な知識はもっともっとあり、それらを学ぶことでものごとを深めていくことができるのは言うまでもありません。

ただ、生きていく上で必要な知識やスキルに限定すると、私たちが日常使っているものの多くは小学校4年生程度ですむということです。ではそれ以上学校で私たちは何を身につけるのか、それは個別の知識、スキル以上のものなのです。

個別の知識、スキルを超える「知」とはどういうものでしょうか。先ほど述べた「実践知」「人格知」とは違う角度から深めてみましょう。

個別の知識、スキルはある状況でのみ有効なものです。ですが、それを超える知は、ものごとの本質へとさかのぼろうとする知性と言えます。

私は若い頃、塾で講師をしていたことがありますが、そのとき小学5年生の算数の授業で、生徒からの質問に感心させられたことがあります。自然数という数を教えていたときのことです。

「いい？　自然数というのは1、2、3、4……のような数のことで、少数や分数は含まれないんだよね。1から始まるけど無限にあるんだよ。この自然数には、2で割ると割り切れる数と割り切れない数とがあるよね。割り切れるほうは偶数、割り切れないほうは奇数っていうんだよ。いい？　じゃあここに図を描くからみてね。自然数は全体がこの大きな丸だよ。こっちの半分が偶数、こっちの半分が奇数になるよね。数は同じだけあるよね……」

こう説明していたら、ある男の子が突然質問をしたのです。

「あれっ？　先生おかしくない？」

「どうして？」

「だって自然数って無限にあるんでしょう？　無限にあるのにどうして丸で囲めるの？」

男の子の質問に、私はそうか、なるほどと思ったのですが、その場では「ま、囲めることにしておこう」とかなんとか適当にごまかして、寮に戻って数学科の大学院生にききました。するとその院生は「すごい！　そのことはじつは今数学の世界でも問題になっていて、まさに論争しているところなんだ。小5の子がそのことに気がついたってすごい子だね」と言ったのです。そして、「きっと数学やったら伸びるよ」とも。

なるほど「無限は囲むことができるか」は、本質的な問題です。じつは西洋数学で0という数を長くつくれなかったのは、0というのは「何も無い」という意味なのに「0」と書くとそこに「0が在る」ことになって矛盾するからだったと言われています。

その矛盾を克服したのはインド哲学で、たとえば般若心経で「色即是空《しきそくぜくう》」とか「空即是色《くうそくぜしき》」など言われているように、「空＝何も無い」ということはこれすなわち「色＝すべて満たされていること」だというような哲学があったからでした。インドで0というのは、この「空」を表す言葉だそうです。でもこうして「0」が発明（発見）されて、数学の理論が一挙に進んだのですから不思議です。

数というのは、非常に哲学的な存在なのですね。

## 知性とは本質にさかのぼろうとするもの

これはものごとの本質へさかのぼろうとする知の例です。私たちの「知」とは、山や川、空、土、人、動物……のように私たちの周囲に存在する、ある意味無限の多様性、流動性、融通無碍《ゆうずうむげ》性、あるいは無限のレベルを含んだ存在を、きわめて少数で有限の言葉や数、概念でくくりとって把握しようとするものですから、そもそも正しくつかみとることなどできっこないのです。

でもそれをわかったかのように教えるわけですから、正しい知性はすべて「それで本当にとらえたことになるの？」という問いに必ず出会うことになります。

この小5の男の子のように、どうして無限が囲めるの？　囲むと有限にならないの？　というようなラジカルな問いが知性の本来の姿なのです。

・「象一頭と鉛筆一本は足せるの？」「足すってどういうこと？」
幼い子のファンタジーの中では、きっと象と鉛筆は足せるでしょう。でも引けるかどうか疑問です。たし算はある共有の場がないとできないのですが、引き算はまた意味が異なります。引き算っていったいなんなのでしょう。

・「水1リットルとアルコール1リットルを足すとアルコール水2リットルになるでしょうか？」
これも何気ない問いですが、答えは「ならない」です。1＋1＝2となるのは一定の条件のあるときだけなのです。どういう条件なのでしょうか。

足し算、引き算だけでもこうしたラジカルな問いが無数に生まれます。

「1÷3×3」という計算を少数でやると0・9999……という無限小数になりますが、分数でやると1になります。ということは1と0・999…という数字は全く同じ数ということになりますが、理解できるでしょうか。これは、無限という概念の理解の問題です。先ほどのインド哲学の助けがやはりここでも必要になるでしょう。

例は以上にしておきますが、小学校高学年以上に限らず、私たちの知性は日常生活に必要な知識・スキル（その多くは学校に行かなくとも身につきます）だけでなく、あるきっかけでこのように個別の知識やスキルを超えた、ものごとの本質に向かおうとする志向性を持ったものへと発展します。

そう考えると、宿題だ、ドリルだ、小テストだ、とただひたすら「こなす」ことに終始しがちな算数などは、その多くが本質的な問いになる可能性を秘めていることがわかります。にもかかわらず、学校での可能性は残念ながら平均的な底上げを優先することで、失われているかもしれません。

答えの見つからない問いの世界を自在に行き来する知性を、ぜひこれからは大切にしたいものです。

## アクティブよりもパッシブな表現を

本章の終わりは、もう一度「表現」についてです。

「表現」を英語で言うと、アウトプット（output）だったり、エクスプレッション（expression）だったりします。out（＝外に）put（＝押し出す）、ex（＝外に）press（＝プレスする）は、内面の想いや感情を外へプレス（刻印）することを指します。私たち大人は、得てして子どもたちに「表現させよう」と迫りがちです。ですが、私はそれは違うと思います。人間が何かを外に押し出したい、表現したいときには、その前にインプット（input）やインプレス（impress）が豊かになければならないからです。

たとえば、秋の紅葉を取り上げましょう。

紅葉がきれい！　という想いを抱くには、いろいろな紅葉に触れるだけでなく、そもそも葉っぱが緑から赤や黄色に変わっていくのは不思議な話だ、色には寒暖の差、日照等いろいろな条件が影響を与えるらしいが今年はどうだろうとか、3万年前の紅葉はどうだったのだろうとか、さまざまに感じ、考えながら、複数の情報や感情を内側にため込んでいきます。そうするとある段階で、あのとき自分が感じたものを上手に人に伝えられないかと思い、表現の世界が生まれてくるのです。その「ため込み」が大切なのです。

豊かな表現が生まれるためには、その何倍もの input や impress が必要だということです。人間は外の世界とかかわって生きているわけで、外から入ってくるものがじゅうぶんに豊かにあり、さらに自分の内側で発酵させるだけのゆとりがあってはじめて、express になっていくのです。

忙しく働く現代人は、ひとつのものをじっくり味わったり、こだわったりすることがだんだんできなくなってきています。子どもたちも同様です。しかし、impress は、ひとつのものをリラックスしながら時間をかけて受け止めてこそ、湧いてくるものです。「今日の満月は本当にきれい」とじっと見続けると、想像力がかき立てられていろんなイメージが湧いてくるものです。

豊かなexpressを生み出そうとするなら、豊かなimpressが必要です。アクティブ・ラーニングのactiveは、「能動的」という意味ですが、そういう意味で豊かな表現を生み出すには、アクティブよりもパッシブpassiveのほうが大切だということになるでしょう。

passionは「情熱」という意味ですが、passive sentenceを受動態と訳すようにpassionはもともとは「受動」を指しました。passive sentence キリストがとらえられて、死刑にされてしまうまでの物語を歌にしたのが受難曲と呼ばれています。マタイの受難曲やヨハネの受難曲などがありますが、この受難曲を「ア・パッショナータ」と言います。

passionに情熱と受動というふたつの意味があるのは、イエスが味わった受難、苦悩を私たちも喜んで受け入れようということ。いわば苦しみを受け止めること（受動）に情熱をささげる（能動）ということです。だから、もともと能動的であるためにはpassiveでなければいけないわけです。これは本質を表しています。activeであるということは、じつは豊かなpassiveの中から出てくるということなのです。

先述のように、今、国の提唱しているアクティブ・ラーニングが表面的に受け止められ、間違って理解され、「はいはい」と能動的に手を挙げ、発言する子がactiveと評価されてしまうことを私は懸念しています。そうなると、せっかくの提唱の意味がなくなるばかりか、かえって逆効果です。

授業中に何か考え込んでいる子、落ち着きのない子がいたら、もしかしたら、その子の中ではいろんな情報が発酵している最中なのかもしれません。しっかりと受け止めて、考えている、受け止めている彼らの時間をじっくり保証してあげる。それから感じたことを言葉にしてもらう。それをクラスみんなで共有する。

passiveな世界にこそ豊かさがあります。そして型通り、あるいは優等生的な表現ではなく、「あの子がそういう表現をするなら、私もこんなふうに表現してみようかな」、そう思えることが大切です。表現は、すべて個性的だからです。

形ばかりのアクティブ・ラーニングではなく、子どもの中で発酵したものをしっかり受けとめるという意味で、パッシブ・ラーニングも実践してほしい。それが本当の「主体的・対話的で深い学び」になるのではないかと考えています。

# 第5章

# 低成長時代の正しい弱さ

## 社会に出る水路、あるいは登り道

冒頭に紹介したように、今、若い中学生たちの活躍に、日本社会が元気をもらっています。しかしその一方で、若者たちの自立の困難や貧困の問題が盛んに論じられるようになっています。

2020年を見越した「資質・能力」論のベースにある人間像には、これからの社会に貢献できる人材、専門性を深めて社会に発信する能力などが背景にあります。でも、私たちは、子どもたちがこれから活躍する社会そのもののイメージを、まだ明確に示すことができていません。

むしろ、高度経済成長時代を過ごしてきた私たち大人の、ある種の偏ったイメージは、新しい社会を思い描く上では妨げとなっているのかもしれません。私たちが将来、どんな社会に彼らを送り出すのか。この章ではそういったことも含めて、考えていきたいと思います。

ドイツ語で「ビルドゥングスロマン」、日本では「教養小説」などと訳される文学のジャンルがあります。もともとの意味を辿ると、貴族や地主の子が親の職業をそのまま継ぐとは限らなくなってきた時代、どう生きていけばいいかを自分で模索し探さねばならなくなった青年たち向けに、自己形成のモデルとなるような人生探索を物語にした小説を指しています。

「自己形成小説」と訳したほうがたぶん正確だし、誤解がないかもしれません。作家としては、ゲーテやフローベールらが有名です。「教養小説」が登場した時代は、「青年期」という概念が登場した時期とも重なっています。

それ以前の人類史では、それほど多くの職種がなかったこともあり、世襲が当たり前でした。しかし、社会・文化、家族の発展・変化によって、世襲制が自明でなくなる時代が訪れると、若者たちは生き方の選択に苦労するようになります。

社会、あるいは世間に出る水路、あるいは登り道が用意されていなかったり、その水路が一定の条件のある人しか進めないものであったりして、世間にどう出ればよいか、多くの若者が戸惑い始めたのです。

私は、教育の問題の大部分は、こうした時代になってから発生したものだと考えています。

## 立身出世から銘柄学校へ

職業選択の幅という点では、日本も同様でした。

江戸時代には、農民の子どもは大部分が農民になるしかなかったし、武士の子どもは武士になるしかありませんでした。農民の子どもが奉公に出され、やがて商売人になることはあっても、職業の流動性はさほど高くはありません。

しかし、明治になると、その様相は大きく変わりました。日本は欧米に追いつくために、階級・階層的な人材政策を採らず、農民の中からでも意欲と能力のある若者を社会の重要部署にリクルートするシステムを採用するようになります。若者たちの中にも、社会・世間の上のほうに出ようとしてさまざまな努力を始める者が出てきました。

そのひとつのきっかけとなったのが福澤諭吉の『学問のすゝめ』ですが、当時出されていた週刊誌『穎才新誌《えいさいしんし》』には、立身出世を夢見る若者たちが多く投稿しています。このことからわかるように、時代は意欲のある若者に、立身出世をインスパイアし始めたのです。

けれども、当時若者が社会に出ようとするときの水路・登り道は限られていました。大学まで出て、官吏や専門家をめざす者が大部分で、こうした努力が報われる若者は限られていたわけです。

農民の多くは小作で、子どもに中学校以上の教育を受けさせられる経済的余裕はありませんでした。農民の子どもでもある程度勉強ができた者には、お金のかからない師範学校に行く道があり、そこから教師となる者も出ましたが、依然、職業の多くは世襲だったのです。

大正になると日本でも産業革命が起こり、町に出て工場で働くという新たな水路ができていきますが、工場労働者の生活は悲惨なものが多く、都市に出ることが立身出世の切符を手に入れることと単純に重なったわけではありませんでした。

私の父は大正３年、母は大正８年の生まれですが、父は小学校を出ると家業の割烹《かっぽう》料理屋を継ぐための板前修業に出、母は師範学校に進み小学校の教員になりました。父の兄は呉服問屋に丁稚《でっち》奉公に出たと聞きましたが、当時は父や母のように、商売人の道に入るか職人の道に入るか、はたまた工場の労働者になるか教師になるか農漁業をつぐか、あるいは女の子の場合、大きな家の手伝いとして奉公に出るか等が大部分で、一部の資産持ちの子が大学まで出て新中間層になったにすぎません。

要するに、われわれが考える以上に社会に出る水路・登り道は少なく、狭かったのです。

こうした状況が大きく変わったのは、戦後、それも高度経済成長期と言われる時期です。新しい産業国家をつくるために海を大規模に埋め立て、工業地帯をつくり、そこで働く大量の労働力をリクルートするためのシステムが急速に整理され始めました。

私のような団塊世代は、青年期に社会・世間へ出る水路や登り道が、わが国の歴史の中で初めて大規模に、しかも「合理的」に整理された世代と言えます。

学校で点数と偏差値を高めると、銘柄の学校に進学でき、そのあと大きな企業へ就職が可能になる。一生がまず保障され、若い頃の投資に対する見返りも十分見込むことができる。こうして、人生の行程（サクセスストーリー）が誰の目にもはっきりと見え、みんなが一斉にその道を上って上をめざすことができるようになったのです。

しかも時代は科学技術万能で、子どもたちにとって鉄腕アトムとか鉄人28号が疑いもなくヒーローであり、世間に出ていくことは、こうした夢のある社会の担い手になることでもありました。庶民の子が世間に出る可能性と幅が広がり、そこには夢が多様にあったのです。

## 人生の選択肢が見えやすい時代

私自身がそうであったように、実際にこの時期には人生の選択肢はとても見えやすかったし、少々うまくいかなくても、大体が適当なところに収まることができました。

若い人たちのテーマは「この階梯《かいてい》を上手に上れるかどうか」であって、その意味で人生の過ごし方も単純明快でした。多くの若者がこの階梯を上まで登るための競争の道に入り、当然、受験競争の厳しさは今日の比ではありませんでした。

一浪、二浪は当たり前で、私の友人には四浪する者までいました。人生の行程は見えやすかったけれど、これ以外に世間の上のほうに出る水路も登り道もなかったので、みなこの競争に参加するしかなかったのです。この競争にうまく入りきれない場合、大企業＝人生の上級の成功はあきらめるしかありませんでした。

子ども・若者の自分の将来構想を描きやすさという視点から見ると、この時期は二重の意味で、将来構想を描きやすい時代と言えました。

ひとつは学校で勉強することの個人的な意味が見えやすく、成功、失敗の構図がわかりやすかったということ。少ない選択肢の中で、誰もが単純な点取り競争をすればよかったのです。

ふたつ目は、科学技術の発展、生産力の発展が、そのまま人類のしあわせ度の高度化につながると信じられていた時代だったということがあります。現在は相対化され、問題点が指摘されていますが、言ってみればこれは科学技術への信仰であって、その意味で一種の宗教に酔いしれていたのです。資本主義自体もひとつの宗教ですが、科学技術主義もまた現代的な宗教であり、このわかりやすく信じやすい宗教が広がっていた時代で、若者が将来を構想するときの精神的バックグラウンドが鮮明でありまた明るかったのです。

こうした時代に子ども・若者期を過ごした世代は、「高偏差値→銘柄大学→大企業」という方程式が身体に深く刻まれていて、そこから脱することは容易ではありません。

この方程式によるサクセスストーリーの成否は、出身校の偏差値と給与の高低で示されていて、それが無意識のうちにこの世代の基本的価値世界をつくっていったのです。

## 地位やお金にこだわらない若者たち

翻《ひるがえ》って現在の子ども・若者において、こうした方程式が見事に崩壊していることは周知の通りでしょう。見えなくなった方程式の中で、まったく別の人生選択を模索している若者も多いと私は感じます。

私の勤務している大学出身のある若者は、保育士資格を得てすぐ、著名なアニメ作家に縁のある保育所の保育士になりましたが、しばらくしてそこをあっさり辞めました。そして自分の故郷に戻り、そこで新しいタイプの自然を活かした保育所をつくるという夢を追いかけ始めました。数年が経った今、彼のめざす保育園の形はまだ整わず、ぎりぎりの生活ぶりですが、それでも夢を捨てずにがんばっています。

ここまで極端でなくても、地位やお金にこだわらず、小さくともいいから自分の納得のいく人生を送りたいという若者は、私の周りには意外と多いと思います。

最近、わが国で保育士のなり手が少なく、都市部ではどこも保育士不足に悩んでいます。その最大の理由は、給与が仕事に見合っていないことにあると言われ、待遇改善のための施策を国も模索しています。でも、ある調査データが示すように、せっかくついた保育士の職を辞める人の理由は、必ずしも給与の低さだけではありません。もちろん、給与の低さも原因ではありますが、辞める直接的な理由としては、職場での疎外感であったり、期待する保育ではなかったり等が圧倒的に多いのです。

こうした例を見ていると、最近の子ども・若者は、私たち先行世代とかなり異なった価値思考の枠組みを持っているのではないかと思います。大きな会社、組織に入って高給をめざし、結婚してローンで家を買い、そこを拠点に子どもをしっかりと育てる。そのために銘柄の学校をめざす、というしあわせ感＝価値思考から相対的に自由のように見えるのです。

日本の主だった企業が終身雇用制を止め始めたのは、バブル崩壊の前後からですが、現在の子ども・若者はそのあとに生まれています。年功序列、終身雇用、企業別組合、学歴重視といった日本型の雇用システムなど、そもそも知らない世代です。

若手でチェーン店の店長を任されているが、実態は店長という名のブラック労働ということは若い世代には常識で、給与の高さをめざすとしあわせは犠牲になるという感覚を大前提のように持っているのかもしれません。「金と自分の夢の実現」とは簡単には両立しないというのが、現代の若者のセンスのようにも思えます。

ではそういった若者が増えていけば、社会そのものはどうなっていくのでしょうか。

**低成長社会の新しい価値観とは**

この点に関して、写真家の藤原新也氏と冒険家で医師の関野吉晴氏が、興味深い対談を行っています。

対談の中で、藤原氏が取り上げているのは、よい成績で一流大学を卒業して大手のビール会社に就職したある青年の例です。

彼は毎日、ベルトコンベアーで流れてくるビール瓶の中でダメなものを探して捨てる仕事を続けていたのですが、やがてそうした仕事と、それを日々行っている自分の人生が無意味に思えてくる。そしてその仕事を辞めてしまい、ビール工場とは全く異なる整体師という仕事をするようになります。収入は10分の1に減りましたが、身体の不調に悩む人の力になりたいといってそれを続けています。

こうした青年の例を挙げたあと、藤原氏は言います。

「(彼は）金より生きる意味を選んだ。こういうのは昔の世代にはありません。僕は真っ当な選択だなと感じました。彼らの世代が社会を動かすようになったら、低成長社会にはなるだろうけど、いままでとは違う尺度で幸福や生き方を考える時代になるかもしれないという淡い期待が僕にはある」と。

それを受けて関野氏はこう応答します。

「じつは私も、同じことを考えていたんです。最近よく話題になる〝草食男子〟が、希望なんじゃないか、と。（中略）草食男子は覇気《はき》がない。いまどきの若者は……と説教する人たちは多いけど、別に物欲に対して覇気がなくてもいいんじゃないかと思うんですよ。私たちの世代は、大量にモノをつくり、消費してきたから、若者たちに我慢を強いるのはずるい気もするけど、自然にそうなったんだからいいんじゃないかと思います。そんな〝草食男子〟が世の中の主流になったら、日本は間違いなく変わるでしょうね」

（『人類滅亡を避ける道――関野吉晴対論集』、東海教育研究所）

## 身の丈に合った生活スタイル

ふたりの対談の背後には、モノの豊かさを追いかけてきた戦後の先進各国の経済や社会政策が、地球環境のバランスの破壊、あるいは生物多様性の破壊という深刻な事態を生み出しているという共通の問題意識があります。では、それをどう克服していくか。

生産力の発展こそが人間をしあわせにするという近代社会の隠れた哲学を疑い、生産力を上げなくても、身の丈に合ったほどほどの生活で人間はしあわせになり得るという判断。そうしたことが常識になる社会をどう作り上げていくか、時間は待ったなしになっているという認識。

そうした角度から見ると、草食系といわれる男子・若者は、モノの豊かさにこだわらない新しい価値志向の持ち主たちではないのかというのです。

なるほど、と私は思いました。では肉食系の女子はどうなのか、と聞きたい気持ちもありますが……。

ともかく、われわれ先行世代から見たら男らしさや覇気がなく、優しさだけが取り柄のように思え、どちらかというと否定的なシンボルになっている「草食系」というレッテルが、じつは反対に、新たな価値社会の中で、新たな生き方を模索する世代のシンボルととらえ直すことができるのです。

先行世代はいつの時代も、後行世代を悪く言います。最近の若者はこういうこともできなくなっている、あんなことにこだわっている云々。あとに続く世代を否定して、だからこうした対策をしてやらねばならないということを自分の矜持《きょうじ》にするのは簡単です。

でも、対象を否定的に見ることから始まると、それがたとえ文化と社会の変容によって起きたことであっても、同意も得ないまま当事者にとって「させられる」ような事態が広がります。

これを教育というなら、まさに二流、三流の教育です。教育は、対象としている人間への共感や敬意から出発し、その人たちに、あなたは何をしたいのか、あるいは何をしてほしいのかと真剣に聞くことから始まります。そういった視点の弱い「教育」は、善意からするお節介であり、ときに傲慢《ごうまん》な押しつけになるのです。

そう考えると、草食系をネガティブシンボルからポジティブシンボルに転換するという関野氏の発想は、とても貴重なものと言えます。そして私たちが近代社会の枠組みの中で子どもを論じ、若者を議論してきたことの限界を意識すべきだと思うのです。

## 近代を相対化し始めた若者たち

近代社会についての見解はさまざまですが、人間の即物的な欲望の実現の場であり、それを可能にする目的合理的な社会であったという点で、大方は一致するでしょう。

江戸時代に各藩がいわば国家として機能していたところから、そうした小さな国家を統合してより強い、大きな国家をつくるというのが明治維新でした。国家づくりのために言葉を標準化し、国民としての自覚を持つ人を育てるための教育システムを整え、政治制度を法治システムにかえ、産業振興と資本主義化を進め……。そうした合理化を支える価値観を整え、より早く、より大きく、より効率的に、そしてより清潔に、より快適に……という価値志向を普遍化しました。この社会を担う人材の養成は制度化された学校教育が担い、そのための人材選抜システムを精緻《せいち》にしてきました。

ここで重要なのは、近代社会が江戸の人々が持っていた生活自立能力を必要ないものとしたことです。病気は医師と病院に頼ればいいし、教育は学校にお願いする。野菜づくりは商品農業でつくられたものを買えばいいなどと、元来はそのほとんど全てを自分たちでつくったりこなしたりしていたものを、すべて商品とお金と制度に頼って済ますようになりました。

こうして必要なものを手にするためにお金の獲得が自己目的になるような倒錯が起こり、自分で苦労してつくることで手に入れる「生きることの手応え」と「主人公感覚」等を失うことも常態化する。競争が普遍化するために、競争に勝つ強い精神が称揚《しょうよう》され、弱さがネガティブな意味しか持たなくなったのです。

## 欲望中心主義の果てに

近代社会は、気がつかないうちに、ある意味とてもエゴイスティックな価値観を人々に強制しているのです。

たとえば多くの産業が化石燃料に依拠している中、もうすぐ石油の埋蔵量の半分がなくなる時期が訪れます。半分を超えて採油すると奪い合いが始まり、石油の値段の高騰と戦争の勃発が危惧されています。

しかし、化石資源は人類の共通の財産のはずで、もし５００年後まで地球がもったとして、その５００年後の歴史家は、現在のことをおそらくこう書くでしょう。

「５００年前には化石燃料という便利なものがあったが、当時の人間はそれを全部自分たちで使い切ってしまい、われわれに何も残さなかった」

同じような現代中心主義、人間中心主義は無意識のうちに、近代社会の倫理・論理になっています。微生物を含む生物の多様性が作物の生命を活性化していることは、野菜をすべてスーパーで買って済ましている現代人には、理解はできないし、感じることすらできません。

ミツバチが、森や山、畑の生き物の受粉を助けてきたことがわからなくなっている現代人は、ニホンミツバチが大量にあちこちで全滅している事実を、地球の生命の危機と感じることができません。その原因が農薬にあることを認めない環境省の姿勢について疑問を持つことも一般化していません。人間中心主義というよりも、人間の即物的な欲望中心主義というべきでしょうか。

草食系の若者が、もし、多くを所有することを人生の目的と感じないで、生きている喜びを等身大で感じたいと願い始めた世代だとすると、やがて彼らは自らの生き方を正統化する理論を持たねばならなくなります。

その全容はこれから彼ら自身が試行錯誤しながら示すと思いますが、基本は、人類の歴史についての認識を可能な限り正しく持ち、人類史という長い視点・視野から現代と未来を位置づけること。それができれば、近代という時代は「より大きく、より速く、より強く、より効率的に、より簡便に、より快適に、より楽に……」という価値を凝集し、それらのアマルガムを疑わずに採用した特殊な時代だったということが浮かび上がると思います。

## 糸を手でつむぐ社会とは

マハトマ・ガンディは、生前、新しいインドという国は軍隊を持たない国であるべきだといい、そのために当時あった数十万のインドの村々がそのまま一つひとつの国になればいいと考えていました。そうした人口数千から数十万の国々には、警察は必要でも軍隊は必要ない、そうした国々の連合体としての組織をつくっていけばよいと考えていたと言います。

現代のインドでガンディ研究が行われていないのは、研究するとガンディのこうした遺言と異なった道をインドが進んでしまったことが明るみに出るからとも言われています。英語版で１００巻を超えるガンディ全集は、インドでは１冊も翻訳されていません。

それはともかく、ここで肝要なのは、ガンディの遺言が、より大きいほうが自由度が増し、資源を手に入れる可能性や生産力をあげる可能性、活力を増す可能性等が拡大するという近代の価値観から離れることを要請していることです。

より大きな国家をつくるために植民地をつくり、支配し、搾取するという競争が起こったのはほんの１００年前にすぎず、その競争に負けまいと日本が無謀なことをしたのも、根っこにはこの近代の価値観を疑わない、むしろその先頭に立って「強く大きな国家」をつくる道を選択したことがありました。

ガンディはそうした価値志向自体を疑いました。より大きな国家をつくろうとするのは、より大きな生産力を手に入れようとするからで、そうした発想から離れなければいけないとしたのです。

大規模生産をめざすイギリス資本主義とは異なる糸車で、糸を手でつむぐ生活から始めて、すべてを可能な限り手作りする道を彼が提案したのは、そのためでした。

近代を相対化する壮大な価値転換を、ガンディは試みていたのです。

こうした価値志向の意味を、ようやく私たちは理解するようになっています。自分たちの食べる食料は原則自分たちで生産する、その単位をできるだけ小さくしていく。自分たちで使う生活必需品も可能な限り自分たちでつくっていくという発想です。大規模農業が農薬、人工肥料を使わざるを得ないのに比して、自己生産的な農業は、そうしたものを一切使わず自然農法でまかなうことができます。

この江戸時代的な発想やガンディの思想を、ある意味もっともよく理解できるのは、草食系の若者たちなのかもしれません。

参考までに今の中学生が思う「かっこいい大人のイメージ」を紹介しましょう（ソニー生命保険会社調べ）。ここから若者たちの考える生き方が見えてくるかもしれません。

## 生きづらさを正面から認める力

草食系男子・若者たちは、かつてのヒッピーたちのように、近代からはずれ、社会からもはずれていこうとする生き方をしているわけではありません。社会の中で、普通に肩肘張らずに生活しているのですが、地位や名誉、お金にこだわる生き方から自由になることをいとわないのです。

今のところ、現代の若者たちは、自分たちがそうした志向性を持った、新しいタイプの人生創造者だなどとは自覚していないと思いますが、私はいずれ彼ら自身が、近代のもたらした課題についての認識を持ち、それと異なる生き方について主張ができるだけの自信を持ってほしいと考えています。

もし彼らに足りないものがあるとすれば、それは自己主張力であり、根っこにありのままの自己を肯定する自己受容感ではないかと思うのです。

自己受容感、自己肯定感が弱いというのは、最近の子ども・若者を説明するときの定番ですが、肯定感の実際の低さというよりは、「自分にはいいところがある」と自己主張できなければダメという文化の中で育った若者と、そういうことを安易にいう人間は恥ずかしいという文化で育った若者の差が出たという点でもあります。

「自分にはいいところがあると思いますか」「今の自分に満足していますか」等ときかれ、「ある」「満足」と答えることは、日本の文化の中では、生意気、恥を知らない、未熟と思われがちです。できた人間ほど、自分はまだまだ、と思うものだという無言の圧力のようなものが日本にはあります。他方、アメリカなどでは、そうしたときに「ある」「満足」と答えるように訓練されるという文化圧力があり、これは「己の今を肯定せよ」とも言えます。同じアンケー

かっこいい大人のイメージとは

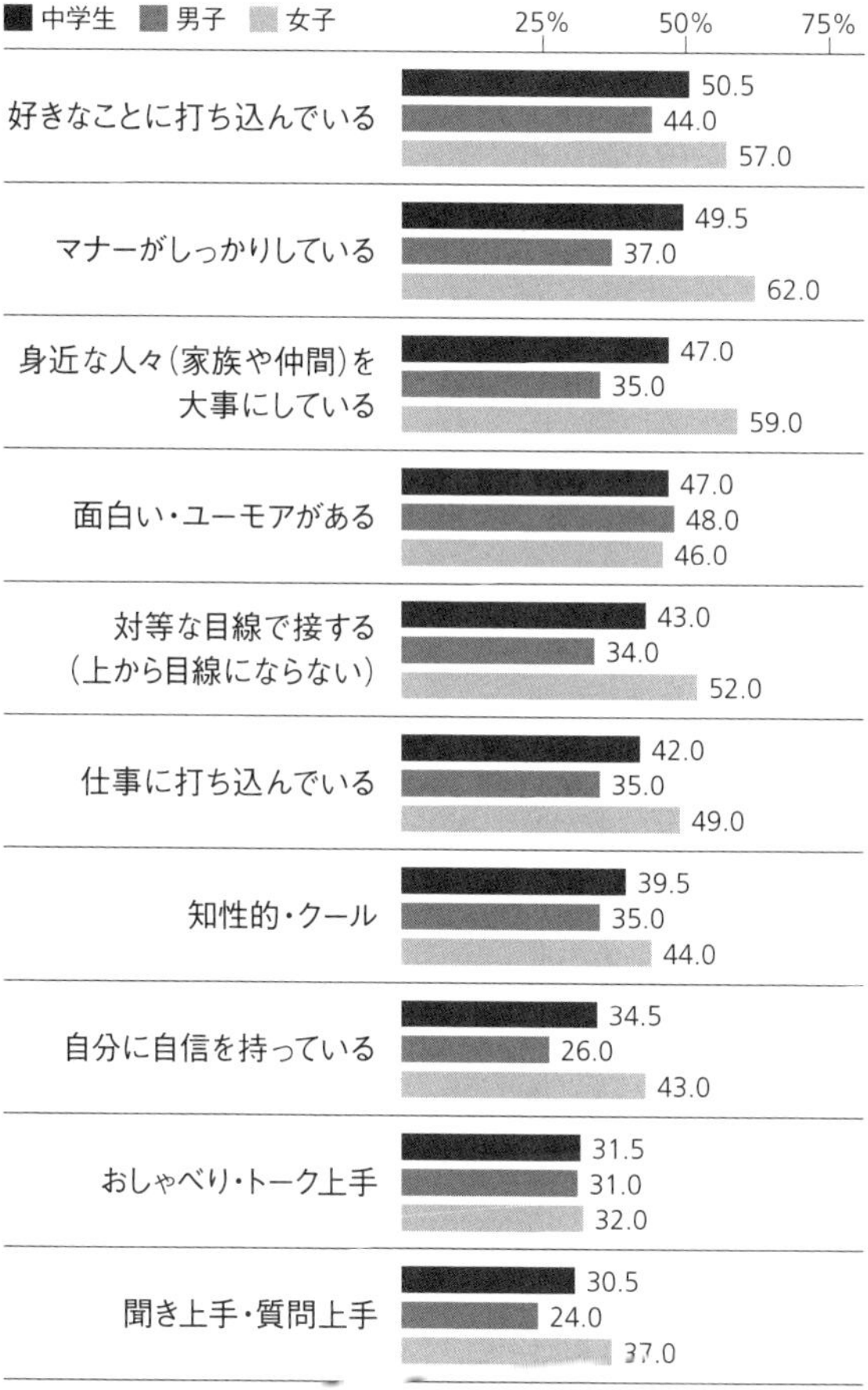


出典「中高生が思い描く将来についての意識調査2017」
（ソニー生命保険株式会社調べ、複数回答）

トで差がつくのは当然で、その違いは個人の人格の違いというよりは、育ちの中で身につけた価値観の違い、あるいは個人を育てる文化の違いを表していると見るべきでしょう。

## 支配的教育の外へ

とはいえ、日本の子どもたちは自分の今を、気兼ねなく、私はこうなんです、と居直って肯定し、自己受容し自己肯定することが比較的苦手であることは間違いありません。

私は、日本の若者・子どもたちに必要なのは、胸を張って生きていくこと、もっと居直って生活することだと思います。不安なことが満載の将来社会の中で、自己の生き方が持続可能性をはらんだ有力な生き方になり得るのだという認識を根拠に、大人たちが設定した社会の生きづらさをもっとあっけらかんと否定していいと思います。

そして大人たちは彼らが夢を持つことを励まし、彼らが選ぶ生き方が、むしろ現代社会でひとつの希望になりうる、ということを支えていくべきです。

その意味で私は草食系男子（当然、女子を含んでいます）に期待をするのですが、本書の冒頭で触れた、スーパーヒーローや「天才」と称される中学生が育ってきていることと、草食系男子たちがこれから層として活躍するのではないかと期待することとは、じつはメダルの裏と表の関係だと思っています。それは、彼らがいずれも今までの支配的な教育の外で育ってきている存在だからです。

「天才」肌の子どものその芽を見つけ、上手に伸ばすことが支配的な教育の外で行われるようになり、成果を上げつつあるのと同じように、支配的教育のもとで、ネガティブに評価されてきた草食系男子もまた、新たな可能性の芽を見出し、それを上手に伸ばしていけば、世の中は変わるはずです。

彼らが、世界が自分たちを欲していることを知り、自分の可能性や欲求と、周囲の仲間のそれとをしっかり理解する学びが広がれば世の中が変わる、私はそう期待しています。

## おわりに――「分けない思想」＝多様化思想の一歩として

さて、最後に第1章で紹介した教育機会確保法のことについて説明して、この本を閉じたいと思います。

この法律が国会で成立したとき、ようやく、というのが私の初発の感想でした。

1970年代後半、知人のお子さんが不登校になったとき、そのお母さんはそのことを誰にも言えずずっと悩んでいました。やっとみんなの前でその悩みを打ち明けたとき、彼女はずっと泣き続けていました。そのお子さんは学校に戻ることはなく、フリースクールもなかったので、ずっと苦労して生きてきました。必死でその子を育てたお母さんは先日亡くなってしまいましたが、彼女は天国でこの法律をどう見ているのだろう、と思ったのです。その頃、不登校は精神的な病ということで、入院させられた子もたくさんいました。そういう子の顔が何人か浮かんできます。

今回の法律には、当初私たちが願っていたものとは違う面があることは事実です。でも歴史というのは一挙に進むものではありません。ジグザグしながら、徐々に進むべき方向に進んでいくものです。

両院の附帯決議九に「不登校の児童生徒が、いわゆるフリースクール等の学校以外の場において行う多様な学習活動に対しては、その負担の軽減のための経済的支援の在り方について検討し、その結果に基づき必要な財政上の措置を講ずること」とあることは、ぜひとも実現に向けて具体化してほしいですが、こうしたことが書かれたこと自体が、歴史的に見ると、とても大きな変化です。

私は、今回の法の背景には、人間観や社会哲学の変化が反映していると思っています。私たちは物事を「分ける」ことで認識の精度を上げていくという動物です。右・左、前・後、大・小から始まって、より細かに分けて違いを浮かび上がらせるのが専門家の仕事と言われています。

「分かる」が「分ける」から来ているということは有名なことでしょう。物事をよくわかっていることを「分別」がある、というのも同じです。

こうして、たとえば平均的な行動からはずれた行動をする子どもを「発達障害児」と分け、さらにその中をアスペルガーとか高機能自閉症とかより細やかに分けることで、私たちは人間をより深く理解できると思ってきました。しかし、そうすればするほど、みんな同じ命を持った人間で、必死で自分らしく生きようとしている、分けられない全体性を持った人間だということが見えなくなりがちです。

「分ける」ことで人間の全体性とそこからくる同一性=平等性が逆にわからなくなるのです。

発達障害をそう見ないで、みな同じ人間であって、行動の個性、デコボコがより大きいだけだと見ると、急に人が違った風に見えてきます。分けないで多様であると見る。すると多様であることが人間のむしろ「よさ」で、本当はすごいことなのだと思えるようになってくる。

今、私たちに必要なことは、「分ける」だけでなく「分けない」で見るということだと思います。「分けて」も「分けた」ものを価値的に正常・非正常とか上・下にしないことです。「分けない」で多様と見る思想、これこそが新しい社会や人間関係を創造していく思想になると私は思っています。

実は科学者の中にも、私と同じように分けることだけでは本当のことは見えてこないということを強調している人がいます。

分子生物学者で、私もファンのひとりである福岡伸一さんです。

福岡さんの『世界は分けてもわからない』（講談社現代新書）によると、分子生物学の視点では、あらゆるものは生きていて、生きている限りひとときも休まず消えたり現れたり、たえず他のものと交換したり、別のものに変化したりし続けています。それをそのままの姿で過不足なく把握することは不可能なため、その変化や消長を時間をストップさせて止め、いわば凍結して観察するのが人間が行っている科学というものなのだが、顕微鏡や写真、実験器具等で観察しているのはいわば死骸であって、こんなものでは本当の生物がわかるはずがないと述べています。

構成要素が、絶え間なく消長、交換、変化を遂げているはずのもの。それを止め、脱水し、かわりにパラフィンを充填し、薄く切って、顕微鏡でのぞく。そのとき見えるものはなんだろうか。そこに見えるものは、本来、危ういバランスを保ちながら、一時もとどまることのないふるまい、つまり、かつて動的な平衡にあったものの影である。

この世界のあらゆる要素は、互いに連関し、すべてが一対多の関係でつながりあっている。つまり世界に部分はない。部分と呼び、部分として切り出せるものもない。

つまり、この世界には、ほんとうの意味で因果関係と呼ぶべきものもまた存在しない。

世界は分けないことにはわからない。しかし、世界は分けてもわからないのである。

（同書エピローグより抜粋）

福岡さんは、たいへんわかりやすく現代科学の多くの限界を指摘しています。ものごとは、一挙に全体像を把握することなど不可能です。分けてしまうと、複雑で見事な動的変化や絶えず変わる相互依存関係などが見事に消えてしまい、本当のことがわからなくなります。だから、福岡さんは「動的な平衡」というカテゴリーで、その平衡状態の変化ぶりを把握することにつとめているのですが、これは全体を全体として把握するひとつの方法の提示と考えられます。もちろんそれでも本当のことはわからないですが。

「分ける」ということには、このように、人間の宿命というか、そうしないと世界をつかめないということと、そうすると世界は本当にはつかめないということのジレンマが見事に表現されています。

本書のテーマは、教育の新しい可能性を探ることです。その根っこに人間が学ぶとはどういうことか、そして人を伸ばす、育てるとはどういうことか、ということについての考察が必要で、これまで議論を進めてきました。

でも、そのさらに根っこには、こうした難題が潜んでいることがわかります。不登校の子どもや、発達障害と言われている子どもを、カテゴリーで平均的人間と「分け」、そこに別の教育を提供するという思想は、ある面では有効でしょうが、本当の意味での教育にはならないということを、そろそろ私たちは常識にしなければならない時代を迎えているのではないでしょうか。

分けることもときには必要です。でも分けることでは本当にはわからない、本物の教育にはならないということも同時に自覚して教育を構想しなければなりません。そうでないと、正しいことをしているつもりが、死骸を観察して生体のことがわかったつもりになるのと似た間違いを犯しかねないのです。

人間を、社会が必要としている行動能力のあるなしで分けない。だれもが、親からもらったその子だけの遺伝子を持って、その子でしかできない行動をしているにすぎない。その点では、だれもが同じで、だれもが平等なのです。

教育は、その子の持っているその子だけの資質や潜在力、その子がなりたいと思っていることなどを感じ取り、その実現を応援する営みにすぎないのです。その応答的な応援を通じて、教育する側もまた、この子たちと同じ人間であるということを深く実感し、同時期に生きていることを喜ぶ。それが教育者のつとめでしょう。

この分けない思想をもっと突き詰めていくと、人間の全体性こそが肝要ということになります。宇宙のあらゆる存在が相互に影響し合いながら存在しているということの大事さ、厳《おごそ》かさということに思い至ります。そこで共存、共生という視点で、あらゆる存在が固有の意味があるという視点が生まれます。こうした視点から教育を位置づけ直す、意味づけし直すことが、次の課題になるでしょう。

ネル・ノディングズというアメリカの社会学者がいます。彼女は他者が現実に何を感じているか、いわば他者のリアリティを自分にとっての可能性として把握するために、教育には「ケア」の発想が有効だと述べています。この形が今後の教育のキーワードとなるかどうかは、次の課題にしておきましょう。「分けない思想」の意味を考えていけば、はじめに登場した「天才」たちも、不登校で疎外感を感じさせられている子どもたちも、支配的な学校に違和感を感じ、違う道で人生の登山をしたいと思っている子どもたちも、それぞれがそういう形で存在しているからこそ社会の全体性が保たれ、社会が豊かになっているということがわかるでしょう。そうして、その子たちそれぞれの願いを伸ばしていける教育が可能になる時代をぜひ実現したいものです。

教育機会確保法がそうした思想の普遍化の一歩となることを願っていますし、そうしなければ歴史的意義が深まらないと思っています。

2017年9月

汐見稔幸

## 汐見稔幸

しおみ・としゆき

1947年大阪府生まれ。東京大学教育学部卒、同大学院博士課程修了。現在、白梅学園大学学長、東京大学名誉教授。専門は教育学、教育人間学、育児学。育児や保育を総合的な人間学と位置づけ、その総合化=学問化を自らの使命と考えている。『はじめて出会う 育児の百科』(共著、小学館)、『よくわかる教育原理』『保育のグランドデザインを描く』(ともにミネルヴァ書房、編著)、『小学生 学力を伸ばす 生きる力を育てる』(主婦の友社)、『本当は怖い小学一年生』(ポプラ新書)など著書多数。

ポプラ新書
134
「天才」は
学校で育たない

2017年10月10日 第1刷発行

著者
汐見稔幸
発行者
長谷川 均
編集
浅井四葉
発行所
株式会社 ポプラ社
〒160-8565 東京都新宿区大京町22-1
電話 03-3357-2212(営業) 03-3357-2305(編集)
振替 00140-3-149271
一般書出版局ホームページ www.webasta.jp
ブックデザイン
鈴木成一デザイン室
印刷・製本
図書印刷株式会社

N.D.C.370/190P/18cm ISBN978-4-591-15584-4

# 生きるとは共に未来を語ること　共に希望を語ること

昭和二十二年、ポプラ社は、戦後の荒廃した東京の焼け跡を目のあたりにし、次の世代の日本を創るべき子どもたちが、ポプラ(白楊)の樹のように、まっすぐにすくすくと成長することを願って、児童図書専門出版社として創業いたしました。

創業以来、すでに六十六年の歳月が経ち、何人たりとも予測できない不透明な世界が出現してしまいました。

この未曾有の混迷と閉塞感におおいつくされた日本の現状を鑑みるにつけ、私どもは出版人としていかなる国家像、いかなる日本人像、そしてグローバル化しボーダレス化した世界的状況の裡で、いかなる人類像を創造しなければならないかという、大命題に応えるべく、強靭な志をもち、共に未来を語り共に希望を語りあえる状況を創ることこそ、私どもに課せられた最大の使命だと考えます。

ポプラ社は創業の原点にもどり、人々がすこやかにすくすくと、生きる喜びを感じられる世界を実現させることに希いと祈りをこめて、ここにポプラ新書を創刊するものです。

## 未来への挑戦！

平成二十五年　九月吉日　　株式会社ポプラ社